EL ABC
DE LOS ÁNGELES

Otros títulos en español de Hay House

EL ABC
DE LOS ÁNGELES

Cómo comenzar a conectarse,
trabajar y sanarse con los ángeles

POR LA DOCTORA
DOREEN VIRTUE

HAY HOUSE, INC.

Carlsbad, California • New York City
London • Sydney • Johannesburg
Vancouver • Hong Kong • New Delhi

© 2006 por Doreen Virtue

Publicado y distribuido en los Estados Unidos por: Hay House, Inc., P.O. Box 5100, Carlsbad, CA 92018-5100 USA • (760) 431-7695 ó al (800) 654-5126 • (760) 431-6948 (fax) o al (800) 650-5115 (fax) • www.hayhouse.com®

Editado por: Jill Kramer • *Diseño:* Charles McStravick
Traducido por: Adriana Miniño (adriana@mincor.net)

Título del original en inglés: ANGELS 101: An Introduction to Connecting, Working, and Healing with the Angels

ISBN: 978-1-4019-1696-1

Impreso en China

Impresión #1: febrero 2008

CONTENIDO

¿QUIÉNES SON LOS ÁNGELES?

Usted tiene ángeles guardianes a su lado ahora mismo. Estos ángeles son seres puros de luz divina los cuales son completamente dignos de confianza y desean ayudarnos en todas las áreas de nuestra vida. La palabra *ángel* significa "mensajero de Dios." Los ángeles transmiten mensajes entre el Creador y Su creación; son como carteros celestiales.

Los ángeles aman a todo el mundo incondicionalmente. Ellos ven más allá de las apariencias y ven la bondad en todos nosotros. Se enfocan solamente en nuestra divinidad y en nuestro potencial, y no en nuestras "fallas." Los ángeles no juzgan, y solamente aportan amor a nuestras vidas. Usted está seguro con los ángeles, y puede confiar en ellos por completo.

No importa si es creyente o escéptico, los ángeles de todas formas creen en *usted*. Ellos ven su luz interior, conocen sus verdaderos talentos y comprenden que usted tiene una misión importante en la vida. Desean ayudarlo con *todo*.

Las encuestas en los Estados Unidos demuestran que la mayoría de los adultos (entre un 72 y un 85% dependiendo de la encuesta) cree en los ángeles y el 32% dice que ha tenido un encuentro con un ángel. Podría entonces uno concluir que es normal creer en ángeles.

Usted no tiene que recibir un entrenamiento especial, ser un beato ni involucrarse con ninguna iglesia para comunicarse con los ángeles. Ellos ayudan a todo aquel que los invoca, no importa para qué. La asistencia de los ángeles es gratis, siempre está disponible y no tiene "condiciones".

Todos los días en mi oficina recibimos docenas de cartas de personas que han tenido experiencias con los ángeles tales como: escuchar una advertencia para salvar una vida, sentir la intervención divina, sentir la presencia de un ángel o ver una aparición angélica. Las cartas llegan de personas de todos los estilos de vida y pertenecientes a todas las religiones y antecedentes espirituales, incluyendo agnósticos y escépticos. Todas las personas dicen que saben que su experiencia fue real y que están seguros de que se conectaron con sus ángeles.

Las personas que se contactan con frecuencia con sus ángeles informan de grandes cambios en sus vidas. Se sienten más felices, más pacíficos y confiados, y menos temerosos del futuro o de la muerte. Saben que no están solos, porque tienen guardianes confiables que los cuidan.

Yo me siento de igual manera. En 1995, un ángel me salvó la vida en un roce con la muerte. Desde ese día, he estado enseñando sobre los ángeles a través de mis libros y de mis talleres internacionales. Me siento más feliz y más realizada que nunca. Es muy significativo y emocionante observar cómo se sanan las personas y cómo mejoran sus vidas cuando comienzan a trabajar con los ángeles.

Antes de la experiencia con los ángeles que transformó mi vida, practicaba la psicoterapia especializándome en los desórdenes y las adicciones alimenticias. Como la mayoría de los terapeutas, mi intención era ayudar a mis clientes a llevar una vida más sana y más satisfactoria. He descubierto que la ruta más rápida y más eficiente hacia la felicidad es a través de la conexión con los ángeles.

El amor de los ángeles por nosotros es puro. Nos ayudan a escuchar, tocar, ver y comprender a Dios en nuestras vidas diarias. Si necesita ayuda con su salud, su carrera, su vida amorosa, su familia o cualquier otra área, los ángeles pueden ayudarlo. No hay tarea demasiado grande ni demasiado pequeña para ellos. Los ángeles aceptan trabajar con alegría para usted cada vez que se les pide.

Una nota respecto a las religiones

Muchas religiones hablan de los ángeles, pero ellos no pertenecen a ningún grupo religioso en particular. Es decir, que verdaderamente no pertenecen a ninguna confesión religiosa. Los ángeles trabajan con personas de todas las religiones y caminos espirituales, y por esa razón ustedes no tienen que cambiar sus visiones o creencias para trabajar con los ángeles.

La idea tradicional de los ángeles proviene de las religiones monoteístas: el judaísmo, el cristianismo y el islamismo. *Monoteísmo* significa creer en un solo Dios. Esta fe fue fundada por el patriarca Abraham quien fundó el judaísmo, seguido por el cristianismo y luego la fe islámica. Estas tres religiones poseen tradiciones de ángeles que transmiten mensajes y protegen a sus líderes y seguidores. En el monoteísmo, el ángel es el mensajero entre Dios y los seres humanos.

Las religiones *politeístas* (lo cual significa "muchos dioses") tienen deidades que son angélicas en todos los sentidos excepto que no poseen alas. Sus deidades son compartidas por todos, al contrario de personajes tales como los ángeles guardianes. Las religiones *panteístas* creen que Dios está en todas partes, incluso en la naturaleza. Estos caminos espirituales a menudo trabajan con ángeles y arcángeles alados tradicionales, además de las diosas, los elementales (otro nombre para los ángeles de la naturaleza) y otras deidades.

El punto es que los ángeles son arquetipos universales que se extienden a las creencias antiguas y modernas. A pesar de que algunas religiones usan términos distintos a la palabra *ángel,* todos estamos hablando del mismo fenómeno: ayudantes espirituales benevolentes y confiables.

Muchas personas con antecedentes cristianos fundamentalistas invocan a los ángeles en nombre de Dios y de Jesús. Los hinduistas invocan a los ángeles, al tiempo que a Ganesha, Sarasvati y otras deidades importantes de su sistema de creencias. Lo mismo ocurre con las demás religiones. Los ángeles trabajan con cualquier deidad o creencia con la cual ustedes se sientan cómodos. Después de todo, ellos están aquí para generar la paz. Nunca deben preocuparse por que los ángeles les pidan que hagan algo que les parece temeroso.

Además, no tienen que preocuparse por ser "engañados" por un espíritu inferior, pues las características angélicas del amor y la luz no pueden ser fingidas debido a que estos son dones que provienen directamente de Dios. Cuando usted tiene un encuentro con alguien en el mundo físico o espiritual, puede sentir de inmediato si es confiable, feliz y cosas por el estilo. Esta es la manera de reconocer la "tarjeta de visita" de los ángeles, la cual consiste en: puro amor divino. O sea, que no tiene nada de qué preocuparse cuando se conecte con sus ángeles.

He descubierto que las personas que trabajan con los ángeles, desarrollan una relación más cercana con Dios ya que estos individuos, sanan los temores y las culpas que puedan haber absorbido de sus enseñanzas religiosas.

Me parece interesante que tantas guerras hayan ocurrido en nombre de Dios y de la religión a lo largo de la historia de la Tierra. Sin embargo, nadie ha peleado por los ángeles. Es una parte de la espiritualidad respecto a la cual todos estamos de acuerdo: todo el mundo ama a los ángeles.

Comprender la ley del libre albedrío

Dios le dio a usted y nos dio a todos el libre albedrío, lo cual significa que puede tomar sus propias decisiones y actuar de acuerdo a sus creencias personales. Dios no interfiere con su libre albedrío, ni tampoco lo hacen los ángeles.

Aunque Dios y los ángeles ya saben lo que usted necesita, no pueden intervenir sin su permiso. Por esta razón, debe pedirle ayuda a sus ángeles.

Los ángeles los ayudarán con todo. Tal como lo mencioné antes, no hay nada demasiado grande ni demasiado pequeño para ellos. No tienen que preocuparse por molestarlos, ya que son seres ilimitados que pueden ayudar a todo el mundo al mismo tiempo. Por favor, no piensen que están llamando la atención de los ángeles alejándolos de asuntos más importantes. No hay nada más importante para los ángeles que ayudarnos.

Los ángeles tienen tiempo, energía y recursos ilimitados. Es su honor sagrado ayudarlo en cualquier cosa que le brinde paz. Puede pedir ayuda con la frecuencia que desee, sin temor a desgastarlos. ¡A ellos les encanta que los invoquen!

Hay muchas maneras de pedirle ayuda a sus ángeles:

- **Dígalo:** Diga en voz alta su solicitud, ya sea a los ángeles o a Dios (el resultado es el mismo puesto que Dios y los ángeles son uno).

- **Piénselo:** Pídale mentalmente ayuda a sus ángeles. Ellos escuchan sus pensamientos con amor incondicional.

- **Escríbalo:** Escriba una carta desde el fondo de su corazón dedicada a los ángeles.

- **Visualícelo:** Sostenga una imagen visual de los ángeles rodéandolo, así como a sus seres queridos, a su automóvil o a la situación en cuestión.

- **Afírmelo:** Exprese una afirmación de gratitud, agradeciendo a los ángeles por haber resuelto el asunto.

Las palabras que use no tienen importancia, porque los ángeles responden a la "oración de su corazón," la cual se compone de sus verdaderos sentimientos, preguntas y deseos. Los ángeles solamente necesitan que usted pida en razón a su libre albedrío. Por eso, no es importante *cómo* pida sino solamente *que* pida.

❦❦

Nota de la autora: Todas las historias de este libro son verídicas, y los nombres de las personas involucradas son reales a menos que se indique por medio de un asterisco (*), lo cual significa que la persona ha solicitado el anonimato.

Capítulo uno

EL REINO
DE LOS
ÁNGELES

Hay un sinnúmero de ángeles que desean ayudarnos a todos a vivir en paz. Así como las personas tienen diferentes especialidades, igual ocurre con los ángeles. A continuación vemos una breve guía de los tipos de seres celestiales a quienes les encanta ayudarnos:

Ángeles guardianes

Los ángeles que permanecen a su lado son llamados *ángeles guardianes*. Son entidades celestiales no humanas enviadas directamente por el

Creador. No son personas que han fallecido; éstas últimas también pueden actuar como ángeles y son llamadas *guías espirituales*. Nuestros seres queridos que han fallecido dentro de la familia y los amigos, tal como todas las personas vivas o muertas, tienen egos. Aunque puedan tener buenas intenciones, su guía no es tan pura y confiable como la de nuestros ángeles guardianes, quienes están con nosotros desde el momento de nuestro nacimiento hasta nuestra muerte física.

No importa lo que hagamos en la vida, nuestros ángeles jamás nos abandonan. Los ángeles guardianes nos protegen y nos guían, asegurándose de que permanezcamos seguros, felices, sanos y que cumplamos con nuestra misión. Sin embargo, debemos actuar en equipo con nuestros ángeles guardianes para realizar nuestras intenciones. Esto significa que debemos pedirles y recibir su ayuda.

Como clarividente que he sido toda mi vida, jamás he visto a alguien que no tenga siempre por lo menos dos ángeles guardianes a su lado. Uno es fuerte y atrevido, para asegurarse de que usted trabaje con su propósito de vida divina; el otro es más tranquilo, y sirve para consolarlo y ofrecerle alivio. Sin embargo, no todo el mundo escucha claramente a sus ángeles. Si todo el mundo lo hiciera, ¡tendríamos un mundo totalmente pacífico!

Uno puede tener *más* de dos ángeles guardianes lo cual nos aporta un gran beneficio. Ellos actúan como el foso de un castillo, protegiéndonos de todo lo negativo. Cuantos más ángeles tenga a su lado, más fuerte será la sensación de su amor divino y de su protección. También es más fácil escuchar un coro de ángeles, que la voz de uno solo.

Invoque ángeles adicionales pidiéndole a Dios que los envíe, pidiéndole directamente a los ángeles o visualizándose rodeado de ellos. Puede pedir todos los ángeles que desee.

Algunas personas tienen ángeles guardianes adicionales, porque un familiar o un buen amigo ha pedido que los rodeen de un número de ellos. Las personas que han tenido experiencias cercanas a la muerte, tienen ángeles adicionales que los ayudan a ajustarse a la vida después de su experiencia con el Más Allá.

Cada vez que Dios piensa en amor, se crea un nuevo ángel. Esto quiere decir que hay un número ilimitado de ángeles disponibles para todos.

Arcángeles

Los *arcángeles* son encargados de regentar a nuestros ángeles guardianes. Son uno de los nueve coros de ángeles (los cuales incluyen a los ángeles, arcángeles, principados, poderes, virtudes, dominios, tronos, querubines y serafines). De estas clases de ángeles, los ángeles guardianes y los arcángeles son los que más se involucran en ayudar a la Tierra y a sus habitantes.

Comparados con los ángeles guardianes, los arcángeles son muy grandes, más sonoros y poderosos; también son extremadamente amorosos y no tienen egos. Al ser seres celestiales no físicos, no tienen género. Sin embargo, sus cualidades y características específicas les proporcionan energías y personalidades masculinas y femeninas.

La Biblia menciona a los arcángeles Miguel y Gabriel. Algunas versiones de la Biblia también nombran a los arcángeles Rafael y Uriel. Los textos judíos antiguos expanden esta lista a 15 arcángeles.

Ustedes notarán que en la lista siguiente, todos, con excepción de dos de los arcángeles, terminan con el sufijo "el," que significa "de Dios" o "desde Dios" en hebreo. Las dos excepciones representan profetas bíblicos que llevaron una vida tan ejemplar, que fueron ascendidos a la categoría de arcángeles después de sus vidas humanas.

Estos arcángeles son a veces llamados por distintos nombres. A continuación vemos sus nombres más comunes, así como sus especialidades, características y breves historias:

Ariel, que significa "leonesa de Dios", Nos ayuda a proveernos de nuestras necesidades físicas (tales como dinero, abrigo y comida). Ariel también nos asiste en las causas ambientales, y con el cuidado y la sanación de los animales. Ariel trabaja con el arcángel

Rafael (quien también sana y ayuda a los animales), y con el reino angélico llamado los "tronos." Históricamente, ella se asocia con el Rey Salomón y con los gnósticos, quienes creían que Ariel gobernaba al viento.

Azrael, significa "quien a Dios ayuda." Él ayuda a las almas que mueren al llegar al Cielo, sana a las personas que sufren y también las asiste cuando consuelan a los afligidos. Considerado el "ángel de la muerte" en las tradiciones islámica y hebrea, Azrael está asociado con el arcángel Rafael y el Rey Salomón.

Shamuel, significa "aquel que ve a Dios." Él consuela la ansiedad, nos brinda paz global y personal; y nos ayuda con objetos, causas y personas perdidas. Es considerado el líder del reino angélico conocido como los "poderes." Shamuel es uno de los diez arcángeles sefirotes de la Cábala, lo cual significa que gobierna uno de los caminos del Árbol de la Vida de la Cábala (una explicación mística de la creación).

Gabriel, significa "mensajero de Dios." Este arcángel ayuda a los mensajeros tales como escritores, maestros y periodistas. Gabriel también ayuda a los padres a criar a sus hijos, con la concepción y la adopción.

Algunas creencias piensan que Gabriel es una personalidad masculina, mientras que otras la perciben como femenina. Gabriel anunció a Zacarías y a María la llegada de Juan el Bautista y de Jesús según lo registra el Evangelio de Lucas. En el Antiguo Testamento, Gabriel salvó a Lot, el hijo de Abraham, de la destrucción de Sodoma. Mahoma decía que el arcángel Gabriel le había dictado el Corán.

Anael, significa la "gloria de Dios." Ella cura a las mujeres durante sus ciclos mensuales y ayuda con la clarividencia. Está asociada con el planeta Venus y con la luna, y es una de los diez arcángeles sefirotes de la Cábala. Anael es a menudo reconocida por haber escoltado al Cielo al profeta Enoc.

Jeremiel, quiere decir "misericordia de Dios." Él lidia con las emociones, ayudándonos a revisar y a hacer el inventario de nuestras vidas para que podamos perdonar; también nos ayuda a realizar cambios positivos. Los textos judaicos antiguos presentan a Jeremiel como uno de los siete arcángeles centrales. Debido a que Baruj, un autor apócrifo judío del primer siglo fue asistido por Jeremiel, se cree que este arcángel ayuda con las visiones proféticas.

Jofiel, significa "belleza de Dios." Ella sana las situaciones negativas y caóticas, y atrae belleza y organización a nuestros pensamientos, hogares, oficinas y otros lugares, así como a retirar el negativismo en estas áreas. Algunas tradiciones la llaman Iofiel o Sofiel. Jofiel es también conocida como la "patrona de los artistas"; la Torá la describe como defensora de la ley divina.

Metatrón. Era el profeta Enoc, quien ascendió después de haber llevado una vida virtuosa de servicio sagrado. Metatrón cura los problemas de aprendizaje y los asuntos relacionados con los niños, y ayuda a los nuevos niños Índigo y Cristal. Para las antiguas tradiciones judías, Metatrón es un arcángel extremadamente importante y es el jefe de los arcángeles sefirotes de la Cábala. Ésta última considera que Metatrón ayudó a guiar a Moisés a través del Éxodo desde Egipto hasta Israel. El Talmud dice que Metatrón cuida a los niños tanto en el Cielo como en la Tierra.

Miguel. Su nombre significa "aquel que es como Dios." Él nos consuela del miedo y de las dudas, y nos protege y aleja del negativismo. Considerado por lo general como uno de los más poderosos arcángeles, es mencionado tanto en la Biblia como en otros textos sagrados cristianos, judaicos e islámicos como el ejecutor de actos heroicos de protección. Miguel es el santo patrón de los policías porque protege y presta coraje a las personas que lo invocan. Él regenta el reino angélico conocido como las "virtudes."

Rehael. Su nombre significa "amigo de Dios." Él trae armonía a todas las relaciones y ayuda a sanar malos entendidos. El libro de Enoc describe a Rehael como el veedor de todos los ángeles, asegurando las relaciones armoniosas entre ellos. Rehael es conocido por asistir en la ascensión y la transformación del profeta Enoc hasta convertirse en el Arcángel Metatrón.

Rafael. Su nombre significa "aquel que sana." Sana de dolencias y guía a los sanadores y a aquellos que desean convertirse en sanadores. Es uno de los tres arcángeles que son considerados actualmente santos (los otros dos son Miguel y Gabriel, aunque en un momento siete arcángeles fueron canonizados). En el libro de Tobías (una obra bíblica canónica), Rafael se describe a sí mismo como un siervo ante la Gloria del Señor. Se cree que es uno de los tres arcángeles que visitó al patriarca Abraham. Debido a que asistió a Tobías en su jornada, Rafael es considerado el santo patrón de los viajeros. Su papel principal, sin embargo, es sanar y asistir a los sanadores.

Raziel. Su nombre significa "secretos de Dios." Sana los bloqueos espirituales y físicos, y nos ayuda con la interpretación de los sueños y los recuerdos de las vidas pasadas. La doctrina antigua judaica dice que Raziel se sienta tan cerca del trono de Dios que escucha todos los secretos del universo, los cuales ha escrito en un libro llamado *Sefer Raziel* (que significa *El libro del Ángel Raziel* en español). La leyenda dice que Raziel le entregó este libro a Adán cuando éste salía del Paraíso, y a Noé cuando estaba construyendo el arca. La Cábala describe a Raziel como la personificación de la sabiduría divina.

Sandalfón. Fue el profeta Elías, quien ascendió a la categoría de arcángel. Presta muchos servicios, incluyendo la sanación de las tendencias agresivas en las personas y la entrega de nuestras oraciones al Creador. Además, Sandalfón ayuda a los músicos, sobretodo a aquellos involucrados en la sanación por medio de la música. Debido a que él fue uno de los dos seres humanos ascendido a la categoría de arcángel, Sandalfón es considerado el hermano gemelo de Metatrón (quien era el profeta Enoc). La doctrina judaica antigua habla de la gran estatura de Sandalfón y dice que Moisés lo llamaba "el ángel alto."

Uriel. Su nombre significa "Dios es luz." Es un ángel de sabiduría y filosofía que ilumina nuestra mente con conocimiento y nuevas ideas. En los textos sagrados hebreos, los roles de Uriel han sido variados y vastos. Como el ángel de la luz, a menudo se asocia con el reino angélico de los "serafines" iluminados quienes son los más cercanos a Dios en los nueve coros de ángeles. Se piensa que Uriel fue el ángel que le advirtió a Noé que se avecinaba el diluvio. Uriel se identifica a menudo con uno de los cuatro arcángeles principales, incluyendo a Miguel, Gabriel y Rafael.

Zadkiel. Su nombre significa "justicia de Dios." Sana los problemas de la memoria y ayuda con otras funciones mentales. Muchos eruditos piensan que Zadkiel fue el ángel que evitó que Abraham sacrificara a su hijo Isaac. La Cábala describe a Zadkiel como un líder que trabaja en equipo con Miguel para protegernos y liberarnos de las malas energías.

Los arcángeles no pertenecen a ninguna confesión religiosa, lo cual significa que usted no tiene que pertenecer a ninguna religión en particular para invocar su atención y su ayuda. Ya que los arcángeles son seres no físicos e infinitos, pueden ayudar a todo aquel que los invoque de manera simultánea. Los arcángeles responderán a sus solicitudes ya sean expresadas verbalmente, por medio del pensamiento o escritas. Incluso es posible pedirles a los arcángeles que se queden permanentemente estacionados a su lado y ellos están felices de hacerlo.

¿Cómo lucen los ángeles?

Me hacen con frecuencia esta pregunta. Cuando era niña, veía a los ángeles principalmente como luces centelleantes en blanco y colores variados. Al crecer y ajustar mi visión, vi su forma y figura. Ahora veo a los ángeles por donde sea que vaya. Su belleza es sobrecogedora y asombrosamente inspiradora.

Los ángeles son translúcidos y semiopacos. No tienen piel, por lo tanto no tienen colores de raza, ojos ni cabello. Su brillo varía en los colores, según sus energías. Su vestuario luce como un revestimiento de chifón opalescente.

Los ángeles tienen alas como de cisnes, aunque nunca los he visto aletear como si fueran a volar. Los ángeles me enseñaron que los artistas que los pintaron originalmente, confundieron su aura brillante con halos y alas. Es por esta razón que los retrataron así. Ahora suponemos que los ángeles lucen como en esas pinturas, y por eso los ángeles con frecuencia aparecen ante nosotros como seres alados.

Los ángeles vienen en diferentes formas y tamaños, al igual que las personas. No es sorprendente que los arcángeles sean los más altos y grandes de los ángeles. Los querubines lucen como pequeños bebés alados. Los ángeles guardianes miden entre un metro y metro y medio de altura.

Los ángeles están en una frecuencia más elevada que nosotros. Es similar a las estaciones de radio o televisión que aparecen en ondas paralelas pero distintas. Los ángeles viven cerca de nosotros en un nivel de energía que podemos sentir, y que muchos de nosotros podemos ver y escuchar. Si usted puede sentir o no la presencia de sus ángeles ahora mismo, igual puede con toda seguridad conectarse con ellos y recibir de inmediato su asistencia, tal como lo veremos en el siguiente capítulo.

Capítulo dos

CONECTÁNDOSE
CON SUS
ÁNGELES

Inmediatamente después de pedir ayuda a los ángeles, ellos comienzan a trabajar en su caso. Hacen una o más de las siguientes cosas:

- Intervienen directamente y manifiestan sus deseos exactamente en el momento justo.

- Le ofrecen una señal para indicarle que están con usted.

- Le ofrecen guía e instrucciones, para que usted tome los pasos nece-sarios para cocrear la respuesta a su súplica con la ayuda de ellos.

La forma más común en que los ángeles responden a nuestras oraciones es por medio de una guía e instrucciones a seguir. Este proceso es llamado *guía divina.* Cuando usted recibe este tipo de guía, debe tomar acción para que sus oraciones sean respondidas. Muchas personas que creen que sus oraciones no son respondidas, han ignorado la información recibida.

La guía divina es constante, amorosa, estimulante y alentadora, y siempre nos incita a mejorar una situación. Puede venir en una (o en combinación) de cuatro formas:

1. Física o emocional. Se siente en la forma de corazonadas, carne de gallina, hormigueos, premoniciones, o sentir la presencia del ángel a su lado. Estos sentimientos le guían a realizar cambios positivos. Esto es llamado *clariconciencia,* lo cual significa "sentimientos claros."

Las personas que reciben la guía divina a través de sus sentimientos, tienden a ser extremadamente sensibles a la energía de las personas y a los productos químicos. Si esto aplica a su caso personal, debe discernir con quién y en qué desea pasar su tiempo ya que a usted le afectan más estas cosas que al promedio de la gente.

Una forma de lidiar con la sensibilidad es escudándose y purificándose. *Escudarse* significa pedir en oración protección espiritual o visualizar luces protectoras a su alrededor. *Purificarse* significa pedirles a los ángeles que liberen la negatividad que usted pudiese haber absorbido durante el día.

Cuando les haga preguntas o les pida ayuda a sus ángeles, advierta sus sentimientos repetitivos o intensos. Hónrelos y evite cualquier tendencia a decir: "¡Oh, es solo una emoción!" La forma más directa en que Dios y los ángeles se comunican con nosotros es a través de nuestros sentimientos. La guía divina hace que se sienta seguro y amado.

Tenga en cuenta los sentimientos que lo incitan a realizar cambios positivos, incluso si le parecen ilógicos o no relacionados con su solicitud. Si no está seguro de que esos sentimientos sean una verdadera guía, pídale a sus ángeles señas para validarlos.

2. Visiones y sueños. Cuando ve una imagen en su imaginación, cuando tiene una clara aparición mientras sueña o está despierto, cuando ve luces centelleantes o intermitentes, o cuando recibe ideas mentales que le ofrecen información, se llama *clarividencia,* lo cual significa "ver con claridad."

Las personas que reciben guía divina visualmente, tienden a ser muy sensibles a la luz, a los colores y a la belleza en el mundo físico. Si usted se siente orientado visualmente, se siente mejor en la presencia de expresiones artísticas y creativas. Puede visualizar la manifestación de sus deseos, lo cual le ayuda a tener éxito en muchas áreas.

Muchas personas piensan que la clarividencia significa ver ángeles con los ojos abiertos, como seres opacos tridimensionales. Aunque esto ocurre en ocasiones, la mayoría de los clarividentes ven a los ángeles como imágenes etéreas efímeras en su imaginación. Estas imágenes mentales son tan válidas como si las viera fuera de su imaginación.

Cuando le pida ayuda a sus ángeles, advierta las imágenes que le llegan a la mente, así como cualquier otra señal que vea con sus ojos físicos. Si tiene una visión de un "sueño hecho realidad", pídale a sus ángeles que lo guíen paso a paso hacia su realización.

3. Sabiduría. Usted sabe las cosas sin una razón lógica, como si Dios le hubiese transmitido la información; habla o escribe con una sabiduría que excede sus conocimientos actuales; sabe cómo arreglar algo sin leer las instrucciones. A esto se le llama *clariconocimiento,* lo cual significa "conocimiento claro."

Las personas que reciben guía divina como "palabras no habladas" tienden a ser altamente intelectuales y analíticas. Si usted se siente orientado hacia el pensamiento, las respuestas a sus oraciones llegarán como ideas brillantes que lo incitan a comenzar un negocio, a inventar algo, a escribir un libro y cosas por el estilo. Usted es un canalizador natural lleno de una sabiduría que sobrepasa su edad.

Cuando reciba revelaciones e ideas, evite el error de pensar que es algo común o algo que todo el mundo sabe. Confíe en que puede despertar estos dones divinos y llevarlos a su realización. Puede pedirles a sus ángeles que le den las instrucciones y la confianza para llevarlo a cabo.

4. Palabras y sonidos. Usted escucha que lo llaman por su nombre al despertarse, escucha un coro celestial, escucha de lejos una conversación que parece haber sido designada especialmente para usted, escucha un campaneo agudo en un oído, o una canción en su mente o en la radio que posee un significado especial. A esto se le llama *clariaudiencia,* lo cual significa "escuchar con claridad."

Las personas que reciben guía divina en palabras son muy sensibles a los ruidos y a los sonidos. Si usted es auditivo, escucha verdaderamente una voz en el interior de su mente o justo fuera de sus oídos. Los ángeles siempre usan palabras positivas e inspiradoras, y suenan como si alguien estuviera hablándole directamente.

También podría escuchar un sonido agudo en un oído, que es la forma de los ángeles de indicarle que le están entregando información y energía. Si el campaneo es molesto, pídale a los ángeles que le bajen el volumen.

Cuando escuche mensajes que le pidan que tome una acción positiva, es importante escucharlos. En una emergencia o en una situación urgente, los ángeles hablan en voz alta y directa.

Durante momentos ordinarios, sus voces son más suaves, lo que requiere que usted mantenga la mente callada y se encuentre en un ambiente sereno. A medida que se vuelve más sensible a escuchar el dulce sonido de los ángeles, deseará proteger sus oídos de ruidos estridentes.

Ejemplos de guía divina

Ya sea que nos hablen a través de sentimientos, palabras, visiones o pensamientos, los mensajes de los ángeles siempre nos animan y nos ofrecen amor e inspiración. Los ángeles son como controladores de tráfico aéreo que pueden ver mucho más lejos que nosotros, delante, detrás y a nuestros lados. En otras palabras, tienen una perspectiva más amplia de la manera en que nuestras acciones pueden afectar nuestro futuro. Por esa razón, si los ángeles lo guían a hacer algo que parece no tener relación con sus oraciones, es porque ven tales acciones como beneficiosas para su futuro.

Aquí vemos algunos ejemplos de temas de guía divina que a menudo recibimos de parte de los ángeles:

- **Salud y estilo de vida:** Mejorar
  su dieta, desintoxicarse, hacer más
  ejercicio o hacer distintos ejercicios,
  pasar más tiempo en la naturaleza

- **Espiritualidad:** Meditar más, hacer
  yoga, aquietar la mente, el cuerpo y
  el hogar

- **Profesión y finanzas:** Seguir su
  pasión; liberar miedos relacionados
  con el dinero; reducir el estrés laboral

- **Emociones:** Liberarse de preocupaciones; perdonarse y perdonar a los
  demás; superar la falta de resolución
  o la desidia

Recuerde que hay que pedir

Hay un antiguo refrán que dice: "Los que
escriben cartas son quienes más reciben correo."
Pues bien, ocurre igual con los ángeles. Si desea
escuchar a sus ángeles con más frecuencia,
entonces hable más a menudo con ellos.

Comparta con ellos sus sueños, desilusiones, miedos, preocupaciones y alegría. Cuénteles todo. Pregúnteles sobre *todos* los temas, ya que los ángeles desean ayudarlo en todas las áreas de su vida.

Su relación personal con sus ángeles guardianes se profundiza cuando usted les habla con regularidad. Una forma de conocerlos aún mejor es preguntarles sus nombres. Piense o vocalice la solicitud: "Ángeles, por favor, díganme sus nombres," y luego escuche lo que le llega como un pensamiento, palabra, sentimiento o visión. Es mejor escribir estos nombres para recordarlos (algunos pueden sonar muy inusuales). Si no recibe ningún nombre, por lo general se debe a que está haciendo un gran esfuerzo por escuchar. Espere hasta que se encuentre relajado y trate de nuevo.

Ahora, pídale a sus ángeles: "Por favor, envíenme señales en el mundo físico que yo pueda advertir con facilidad y que me ayuden a validar que he escuchado los nombres correctamente." Notará entonces los nombres que ha recibido en personas con quienes se encuentra, en conversaciones que escucha inadvertidamente y en situaciones similares.

Practique hacerles preguntas a sus ángeles y luego escuchar sus respuestas. Con el tiempo, aprenderá a distinguir de inmediato la voz de los ángeles de la voz del ego (nuestra parte temerosa). Es como cuando contestamos el teléfono y sabemos de inmediato si la persona que llama es un ser querido o un vendedor. También, con práctica, aprenderá a confiar y a buscar el apoyo de la guía de los ángeles cuando sus amorosos consejos empiecen a dar frutos.

Consejos para incrementar la claridad

Puede pedirles a sus ángeles que lo ayuden a escucharlos mejor o a comprender el significado de sus mensajes más indescifrables. Aquí vemos algunas otras maneras de incrementar la claridad de la comunicación divina con sus ángeles:

— **Respire.** Cuando estamos estresados, a menudo aguantamos la respiración. Esto nos impide escuchar los mensajes que podrían ayudarnos a aliviar el estrés. Entonces, recuerde respirar profundamente cuando converse con sus ángeles. Ellos me han dicho que sus mensajes son transportados en moléculas de oxígeno, por lo tanto, cuanto más aire fresco respiremos, más fuertes aparecerán sus mensajes. Esta es la razón por la cual es más fácil escuchar a los ángeles cuando uno está en la naturaleza o cerca de las fuentes de agua (incluyendo la ducha o la tina de baño).

— **Relájese.** Intentar con demasiada intensidad impide la comunicación divina. No tiene que esforzarse por escuchar a sus ángeles, ya que ellos están más motivados que usted por comunicarse. Más bien, relaje su cuerpo y respire. Permanezca en un estado receptivo, y pídale a sus ángeles que lo ayuden a aliviar cualquier tensión de su mente o de su cuerpo.

— **Siga su guía.** Si sus ángeles le piden que mejore su dieta, es probablemente debido a que ellos saben que los alimentos procesados y los químicos crean interferencias estáticas en las lineas de comunicación divinas. Sus ángeles son los mejores maestros para guiarlos a escuchar mejor sus voces. Pídales ayuda al respecto y luego siga la guía recibida.

— **Pida señales.** Si está inseguro de si está escuchando o no a sus ángeles, pídales una señal. Es mejor no especificar qué tipo de señal desea. Permita que la creatividad infinita de los ángeles sea la que ingenie una maravillosa señal que usted reconocerá fácilmente. Se deleitará en el tierno sentido del humor que los ángeles despliegan para manifestar sus señales, tal como lo veremos en el siguiente capítulo.

Capítulo tres

SEÑALES
DE LOS
ÁNGELES

Los ángeles nos ofrecen señales para que nos aseguremos de que tanto ellos como sus mensajes son reales. Las señales pueden ser cualquier cosa que uno vea o escuche en el mundo físico tres o más veces o de manera poco usual. Por ejemplo, si escucha el mismo título de un libro de tres o más fuentes diferentes, entonces es probable que sea una recomendación de los ángeles de leer ese libro.

Los ángeles también nos dejan plumas en sitios inusuales como una señal de su presencia, probablemente porque asociamos las plumas con sus alas. En los dos relatos siguientes, los

ángeles dejaron plumas como una prueba de confianza en el resultado positivo de situaciones estresantes:

Cuando Jerry el gato de Sandra se enfermó, ella lo llevó al hospital del veterinario. La condición de Jerry estaba empeorando y entró en estado de coma. Pero Sandra no estaba dispuesta a renunciar tan fácilmente a su amado gato, y le pidió entonces ayuda a sus ángeles. Tan pronto salió de su casa a visitar a Jerry, Sandra encontró una pluma blanca en el piso al frente de la puerta de la entrada de su casa. Ella comprendió que esto era una señal positiva de que los ángeles estaban ayudando a su gato a recuperarse.

A la mañana siguiente y durante una semana cuando Sandra y su esposo salían de su casa a visitar a Jerry al hospital, se encontraron una nueva pluma blanca a la entrada de su casa. Sandra dispuso las ocho plumas que había recogido sobre una fotografía de Jerry, y siguió rogándoles a Dios y a los ángeles que sanaran a su amado gato.

Finalmente, Jerry se recuperó lo suficiente como para regresar a casa. Su salud ha estado excelente por seis meses desde que los ángeles le enviaron a Sandra las plumas como señales de que todo saldría bien.

Al igual que Sandra, Kathryn recibió tantas plumas que sabía que su situación se resolvería:

Kathryn tuvo un altercado con una amiga y estaba considerando terminar la amistad, decidió entonces pedirle guía a sus ángeles. Mientras Kathryn estaba sentada en su jardín llorando por la situación, una pluma pasó volando justo al frente de ella. Ella lo asumió como una señal de que los ángeles estaban trabajando en su relación y que no debía tomar ningún tipo de acción de su parte en el momento presente.

Esa tarde cuando Kathryn acompañaba a sus hijos caminando hacia la escuela, les pidió de nuevo a sus ángeles una señal de que su amistad lograría sanarse. Miró hacia abajo y vio una pluma, y luego otra. Para cuando llegó a su destino, ya

había recolectado 35 plumas, lo cual ella tomó como una muy buena señal. Y así fue, Kathryn y su amiga resolvieron sus diferencias y ahora su amistad es más fuerte que nunca.

Otra señal común es ver nubes en forma de ángeles, según relata la siguiente historia:

De camino a una operación de emergencia del corazón, mientras iba en la ambulancia, Mary se sentía llena de temor, como era de esperarse. Oró pidiendo ayuda y cuando miró por la ventana trasera de la ambulancia vio una nube en la forma muy clara de un ángel arrodillado en oración y supo de inmediato que estaría bien. Recordó la visión a lo largo de su cirugía y de su proceso de recuperación, con una fe total en que los ángeles la estaban cuidando. ¡Y ahí estaban! Mary está ahora totalmente recuperada, y se siente muy agradecida por la señal de confianza enviada por sus ángeles.

Algunas veces, las señales que recibimos vienen en forma de una fragancia, en lugar de algo que vemos o escuchamos. Muchas personas informan que cuando sus ángeles están cerca de ellos, perciben el aroma de un perfume de flores o de humo.

Kathleen deseaba desesperadamente vender su casa para poder mudarse cerca de su hija que esperaba su primer bebé para agosto. Una tarde, frustrada ante el hecho de que unos posibles clientes se habían echado para atrás, Kathleen se puso a llorar en su cocina. De repente, toda la cocina se llenó de un aroma a rosas. Kathleen no podía comprenderlo, pero una amiga le explicó que era una señal común de los ángeles para avisarle de que todo estaría bien. Todo *salió* bien y Kathleen vendió su casa al poco tiempo.

Luego Kathleen necesitó la ayuda de los ángeles para encontrar un nuevo lugar cerca de su hija. Una vez más, los ángeles acudieron en su ayuda y la guiaron hacia una hermosa casa a un precio razonable.

Kathleen supo que estaba en el lugar correcto cuando vio un rosal rojo al frente de la casa. Ella recuerda: "Había una rosa de un rojo brillante que sobresalía entre las demás, entonces supe que ese era mi hogar."

Las luces de los ángeles

Aproximadamente la mitad de los miembros de mis audiencias alrededor del mundo informan haber visto destellos de luz con sus ojos físicos. Estas luces lucen como las bombillas de flash de una cámara fotográfica o como tenues chispas. Algunas veces son blancas y otras veces son como tonalidades brillantes de joyas preciosas en colores violeta, azul, verde y otros. Varias personas me han dicho que se han hecho exámenes de la vista porque estaban preocupadas de que fuera anormal ver estos destellos. Sin embargo, sus oftalmólogos les dijeron que sus ojos estaban en perfecto estado de salud.

Esto es así debido a que estas luces tienen orígenes no físicos. Yo denomino a este fenómeno _las luces o estelas de los ángeles._ Cuando usted las ve, está viendo la fricción o la energía de los ángeles moviéndose a lo largo de la habitación. Se parece un poco a como cuando uno ve chispas al pasar un vehículo a toda velocidad.

Las luces blancas provienen de nuestros ángeles guardianes, y las luces de colores se emanan de los arcángeles. Aquí encontramos una lista para saber con cuáles arcángeles está teniendo un encuentro cuando ve luces de colores o chispas de luz:

- **Amarillo** (pálido): Uriel, el arcángel de la sabiduría

- **Amarillo** (oscuro): Gabriel, ayuda a los mensajeros y a los padres

- **Arco iris:** Raziel, ayuda con los bloqueos espirituales y psíquicos, y nos enseña secretos esotéricos

- **Azul** (claro, casi blanco): Haniel, ayuda a las mujeres con su salud y en la clarividencia

- **Azul** (aguamarina): Rehael, ayuda con las relaciones

- **Azul** (oscuro): Zadkiel, el arcángel que ayuda a mejorar nuestra memoria y nuestras funciones mentales

- **Beige:** Azrael, el arcángel que nos ayuda a sanar el sufrimiento

- **Rosado** (fucsia): Jofiel, nos ayuda a embellecer nuestros pensamientos y nuestras vidas

- **Rosado** (claro): Ariel, nos ayuda con los animales, la naturaleza y la manifestación

- **Turquesa:** Sandalfón, el arcángel musical

- **Verde** (esmeralda): Rafael, el arcángel sanador

- **Verde** (claro): Shamuel, el arcángel de la paz que nos ayuda a encontrar todo lo que estemos buscando

- **Verde con puntos rosados:** Metatrón, ayuda a los niños a mantener sus dones espirituales y su autoestima

- **Violeta** (brillante, casi como azul cobalto): Miguel, nos da valor y protección

- **Violeta** (púrpura rojizo): Jeremiel, nos ayuda a sanar nuestras emociones

Los números de los ángeles

Otra forma común en la cual los ángeles nos hablan es mostrándonos secuencias de números. ¿Alguna vez ha notado que cuando mira el reloj, una placa de un auto o un número de teléfono, ve los mismos números repetidamente? Esta no es una coincidencia, sino un mensaje del Más Allá.

Desde los tiempos de Pitágoras (el respetado filósofo griego), hemos sabido que los números poseen vibraciones poderosas. Los instrumentos musicales y los computadores se basan en fórmulas matemáticas, los mensajes numéricos de los ángeles son igual de precisos.

El significado básico de los números es el siguiente:

0: Este es un mensaje de amor del Creador.

1: Ponga atención a sus pensamientos y piense solamente en sus deseos y no en sus miedos, así atraerá lo que piensa.

2: Mantenga en alto la fe y no se desespere.

3: Jesús u otros maestros ascendidos están con usted ayudándolo.

4: Los ángeles le están ayudando con esta situación.

5: Un cambio positivo está a punto de ocurrirle.

6: Entregue sus miedos respecto al mundo físico y material a Dios y a los ángeles. Mantenga el equilibrio de sus pensamientos entre lo material y lo espiritual.

7: Va por buen camino, ¡no se detenga!

8: La abundancia está ahora en camino.

9: Comience a trabajar en el propósito de su vida sin esperar un minuto más.

Cuando vea una combinación de números, simplemente "reúna" los significados anteriores. Por ejemplo, si ve el número 428 significaría: "Los ángeles están con usted, mantenga la fe que la abundancia está ahora en camino."

(Para más información, vea mi libro *Angel Numbers* [*Los números de los ángeles*].)

Los ángeles nos hablan por medio de muchas y muy variadas y creativas maneras, por lo tanto, si siente que está recibiendo mensajes de un ángel, probablemente así sea. Pídale a los ángeles que lo ayuden a reconocer sus señales y sus mensajes, y comenzará a verlos a su alrededor. Cuanto más advierta y siga estas señales con éxito, más confianza tendrá en los ángeles y en sí mismo.

Capítulo cuatro

PROTECCIÓN ANGÉLICA

Es buena idea, mientras conduce, invocar por protección a sus ángeles guardianes y también al arcángel Miguel. También le recomiendo visualizar su automóvil rodeado de luz blanca, la esencia energética de los ángeles. En situaciones de mucho tráfico, pídale a los ángeles que protejan a los autos que conducen cerca a usted.

Los ángeles protegerán a sus seres queridos mientras conducen aun en el caso de que usted no los acompañe. Sencillamente, pídale a los ángeles cualquier asistencia específica que desee, y ellos estarán felices de hacerlo por usted.

Antes de comenzar a conducir, pídale a los ángeles que lo cuiden a usted así como a los otros conductores, protegiendo a todos y a cada uno y asegurando una jornada segura y placentera. Si olvida hacerlo, puede pedirlo durante cualquier momento de su viaje. He hablado con personas que han invocado a los ángeles justo en medio de un accidente, con resultados milagrosos.

Ya que los ángeles están por encima y más allá del mundo físico, pueden intervenir de maneras misteriosas, tal como lo descubrió Doris:

Doris estaba conduciendo a unos 80 kilómetros por hora sobre un puente muy largo, cuando la capota de su auto se levantó con la brisa, bloqueando por completo su visión. Doris sintió cómo el auto dio un viraje hacia el dique y se detuvo a pulgadas de las profundas aguas. Otros conductores se detuvieron para ayudarla y le preguntaron si estaba bien. Luego le preguntaron cómo estaba el otro pasajero.

Doris explicó que no había pasajero alguno, que ella iba sola en el auto. Las doce personas que fueron testigos del accidente dijeron que habían visto a otra persona en el puesto del pasajero en la parte delantera. Todos ellos creían que Doris estaba sufriendo de delirios debido al impacto y decidieron buscar al pasajero.

Totalmente atónita, Doris pensó: *¿Sería mi ángel de la guardia? Pareció como si mi auto hubiera sido elevado por los aires y luego colocado de nuevo por tierra sin el menor rastro de abolladura ni rasguño, y saliendo yo totalmente ilesa.*

La historia de Doris es fascinante porque doce personas informaron haber visto a alguien a su lado, por lo cual Doris concluyó que debía tratarse de su ángel protector. He recibido muchas historias de personas que han informado que sus autos desafiaron las leyes de gravedad de formas inexplicables. Después de escuchar tantas de estas historias, creo que la única explicación es que los ángeles son capaces de alejar a los vehículos de cualquier daño:

Estelliane iba conduciendo bajo un aguacero, cuando un camión semi-rremolque chocó contra la puerta lateral de su auto del lado del pasajero. Ella miró al ángel en plata que tenía sobre su espejo retrovisor e hizo una oración. De repente, Estelliane sintió que su auto se elevaba por los aires y era depositado con suavidad sobre la calzada. De manera increíble, Estelliane y su pasajero no sufrieron ninguna herida y el auto quedó en suficiente buen estado como para regresar conduciendo.

Ella dice: "El auto hizo algo que no es físicamente posible desde el punto de vista de la ley de dinámica. Recibió un choque lateral, por lo tanto el auto debió haber girado hacia delante y chocado con los autos al frente mío. El pequeño ángel que estaba en el espejo de mi auto desapareció, pero sé que los ángeles guardianes que me protegieron ese día están siempre conmigo."

Algunas veces los ángeles nos protegen de accidentes asegurándose de que nuestro vehículo no funcione. He escuchado muchas historias de motores de autos que dejan de funcionar de repente justo a tiempo de evitar un accidente:

Donna se encontraba en una triple intersección esperando que el semáforo cambiara a verde. Cuando hizo el cambio, sintió una fuerza que le hizo quitar su pie del acelerador y ahí mismo el auto se quedó varado. En ese momento, un gran camión pasó a toda velocidad la intersección con la luz roja. En el caso de que Donna hubiera proseguido, habría chocado con el camión. Ella dice: "Sé que la fuerza que me quitó el pie del pedal provenía de un ángel. Quedé conmocionada pero agradecida."

Los ángeles pueden varar temporalmente nuestros autos para ayudarnos a evitar accidentes. En el caso siguiente, los ángeles desactivaron un vehículo durante la noche mientras su conductor se recuperaba de su estado de ebriedad:

Kathryn estaba molesta con su novio Ben, porque éste insistía en conducir a pesar de haber estado tomando bebidas alcohólicas durante todo el día. Cuando se subieron en el auto para recorrer el viaje de 140 kilómetros de distancia, Kathryn pidió protección calladamente. Se sintió entonces muy agradecida cuando su novio trató de encender el auto sin resultados positivos. Justo en el momento de la oración, se dañó el alternador, asegurándose de que Ben no fuera capaz de conducir.

También he recibido muchas historias de personas que dicen haber sentido unas manos invisibles que los ayudaban. Las manos los sacaban del peligro en que se encontraban, los aprisionaban con fuerza mientras un auto era arrastrado por los aires o asumían el control de volante:

Jacqueline perdió el control de su auto mientras giraba en U en una curva muy cerrada. Su vehículo salió dando tumbos y parecía inevitable que se volcara. Mientras intentaba desesperadamente corregir la dirección, Jacqueline escuchó una voz: "Suelta el volante."

Jacqueline pensó: *Si suelto el volante me accidentaré,* sin embargo la voz repetía su firme pero amorosa orden. Entonces, Jacqueline cedió y quitó las manos del volante. Diez segundos después, el auto dejó de deslizarse como por milagro y se detuvo al lado de la carretera.

Ella dice: "Fue como si alguien hubiera asumido el control y hubiese conducido el auto por mí. El tráfico era pesado, pero durante el tiempo en que el auto resbalaba, ningún auto me pasó. Es evidente que mi ángel detuvo a todos los vehículos para mantenernos a salvo."

Asistencia vial

Los ángeles no solamente nos protegen de los accidentes, también nos ayudan durante el camino. Recibo con frecuencia historias de personas que pudieron conducir varios kilómetros con el tanque de gasolina vacío, gracias a los ángeles. También me han contado de ángeles que han ayudado a algunos a llegar a sus citas y al aeropuerto a tiempo sin tener que rebasar el límite de velocidad. Los ángeles pueden pasar a verde la luz del semáforo y ayudarle a encontrar un sitio donde estacionar... ¡solamente tiene que pedirlo!

Brenda iba conduciendo tarde en la noche bajo un aguacero. Apenas podía ver sus propias luces, y menos todavía la carretera. Temía por su seguridad, pero no podía ver lo suficiente como para salirse de la carretera. A viva voz, le suplicó a los ángeles que la alumbraran lo suficiente como para llegar a casa a salvo.

Brenda explica lo que ocurrió después: "De repente vi una luz brillante que procedía del cielo." Aunque la lluvia seguía cayendo a cántaros, la luz iluminaba su sendero y así pudo conducir. La luz comenzó a atenuarse después de media hora. Brenda decidió entonces pedirles más luz a los ángeles.

Dice: "Como si respondiera a mi plegaria, la luz brillante regresó. Se quedó hasta que la lluvia finalmente cedió y ya no me hacía falta." Durante todo el regreso a casa, Brenda repetía continuamente: "gracias" a los ángeles. Esta experiencia motivó a Brenda a incorporar a los ángeles de manera más intensa en su vida.

Los ángeles pueden hacer que su automóvil funcione aunque parezca imposible, tal como cuando el tanque de gasolina está vacío, se ha pinchado una llanta o el vehículo tiene problemas mecánicos. Por supuesto, los ángeles nunca le pedirían que conduzca en circunstancias de riesgo. Ellos le arreglan su auto o lo guían al taller más cercano o hacia un buen mecánico que pueda ayudarlo.

Bárbara iba conduciendo en una carretera cubierta de hielo cuando otro auto resbaló hasta chocarla en el frente de su auto. Después de cumplir con los informes policíacos, dio una acción de gracias por haber salido ilesa y les pidió a los ángeles que la ayudaran a llegar a una estación de servicio con la cual ella estuviera familiarizada y en quienes pudiera confiar.

Bárbara recuerda: "Cuando llegué a la estación de servicio, mi auto quedó totalmente varado. Tan pronto el mecánico revisó el auto, me miró asombrado y dijo que no sabía cómo había sido posible que hubiera logrado llegar hasta allá. Pero yo sabía que habían sido mis ángeles respondiendo a mis plegarias."

Ayuda angélica en el aire

Mi esposo Steven y yo viajamos alrededor del mundo a dictar talleres, y dependo de los ángeles para que cuiden todos los aspectos de nuestros asuntos relacionados con los viajes, de principio a fin.

Para un viaje por avión, puede pedirle a los ángeles:

- En el momento de hacer una reservación, que lo ayuden a que lo atienda el representante del servicio al cliente más amistoso, simpático, cálido y competente que exista.

- Que lo ayuden a hacer la maleta. (*Sugerencia basada en la experiencia personal:* Si los ángeles le dicen que lleve un paraguas o cualquier cosa, hágalo aunque le parezca ilógico. Los ángeles saben lo que hacen.)

- Que lo ayuden a encontrar transporte hacia el aeropuerto. Si está conduciendo pueden ayudarlo a encontrar un sitio perfecto para estacionar, que quede lo más cercano posible a la salida de vuelos.

- Que lo ayuden a evitar las filas al registrarse, y que siempre lo atiendan personas dulces y capacitadas.

- Que le permitan pasar por los controles de seguridad sin ser revisado.

- Que le toque un puesto y compañeros maravillosos en el avión (¡o un puesto vacío a su lado!)

- Que se aseguren de que el avión esté mecánicamente en perfecto estado.

- Que el avión despegue y aterrice a tiempo.

- Que se aseguren que tanto usted como su equipaje lleguen a tiempo para los vuelos de conexiones.

- Que protejan y le entreguen su equipaje en el carrusel tan pronto esté listo para recogerlo.

- Que encuentre transporte confiable para llegar al hotel.

- Que lo ayuden a evitar las filas al registrarse en el hotel.

- Que le suban de categoría de habitación a una tranquila y cómoda.

Si durante su vuelo hay turbulencias, pídale a los ángeles que suavicen la jornada. Cientos de ellos levantarán el avión y sus alas sobre sus espaldas, y usted viajará sobre un cojín de ángeles. Usando estos métodos, Steven y yo hemos disfrutado por años de experiencias maravillosas en nuestros viajes.

La historia de Helen* en el aeropuerto es una de mis favoritas. Es otra forma de recordarnos que los ángeles están en todas partes:

Era el primer viaje sola en avión de Helen, tenía dieciséis años y su madre y su abuela estaban orando con fervor por ella.

Helen volaba de Pittsburgh a Dallas, en donde tenía que cambiar de avión para su destino final: Los Ángeles. En el aeropuerto de Dallas, se le acercó un caballero de edad que llevaba pantalones a cuadros y le preguntó cómo estaba y hacia dónde se dirigía. Normalmente, Helen habría estado reacia a hablar con un extraño, pero había algo en ese hombre que la hacia confiar en él.

En vista de que estaba muy nerviosa por el vuelo, decidió confiar en el hombre. Curiosamente, él parecía saber muchos detalles sobre ella. Le dijo que no se preocupara, que todo saldría bien y que hablaría con ella más tarde.

Helen abordó el avión y se olvidó del caballero. Cuando aterrizó en Los Ángeles, nadie la estaba esperando y sintió temor y confusión. Mientras esperaba a su padre, el caballero con los pantalones a cuadros llegó y se sentó justo a su lado. Esto la sorprendió, puesto que ella no lo había visto en ninguna parte en el avión de Dallas a Los Ángeles.

El hombre le dijo: "Pensé que seguirías aquí. Me quedaré contigo hasta que tu padre llegue para que no estés sola." Cuando llegó su papá, Helen quiso presentarle a su padre, pero este caballero había desaparecido. Helen le dijo a su padre que había estado hablando con el hombre justo en el momento en que él había llegado. Su padre le respondió: "Te vi hablando en ese momento, pero pensé que estabas hablando sola."

Unas semanas más tarde, Helen estaba de regreso en Pittsburgh donde acudía a un acto de recolección de fondos de su iglesia. Sintió que alguien le golpeaba el hombro, se giró y se quedó sorprendida al ver que le sonreía el mismo caballero de edad con los pantalones a cuadros. Él le dijo: "Te dije que todo estaría bien y que regresarías a casa a salvo." Nadie más vio al hombre en el bazar de la iglesia.

Helen corrió a casa y le contó toda la historia a su abuela, quien le dijo: "Pedí para que tuvieras un ángel guardián y mis oraciones fueron respondidas."

Helen dice: "Sé que todo esto suena increíble, pero es cierto. Nunca jamás he dudado de la existencia de los ángeles, y ahora que mi abuela está en el Cielo, también creo que ella está con mis ángeles."

Otros tipos de protección

Además de protegernos en nuestros viajes, los ángeles también nos ayudan a estar a salvo en nuestros hogares, en nuestro trabajo y en la escuela. Es buena idea, cuando nos estamos quedando dormidos, pedirles a los ángeles que se queden cuidándonos en las ventanas y en las puertas durante la noche. Así dormimos profundamente sabiendo que estamos totalmente protegidos.

También le pueden pedir a los ángeles que cuiden a sus seres queridos (incluso si se encuentran en lugares distintos):

Lassie le pidió a los ángeles y al arcángel Miguel (el ángel protector) que cuidaran a su hijo Quinn mientras este prestaba su servicio militar. Cuando fue enviado a Afganistán en el año 2003, Quinn y su escuadrón pasaron por una colina muy abrupta en donde se cayó y se hirió una pierna. Debido a su herida, el escuadrón tuvo que variar su ruta. Cuando llegaron a su base, descubrieron que había una emboscada esperándolos en la cima de la colina en donde Quinn había caído. Si hubieran escalado hasta la cumbre, todos habrían muerto.

Dos años más tarde, Quinn cayó sobre su espalda unos 17 metros de un helicóptero sin paracaídas. Sin embargo, su única herida fue una magulladura en un codo.

Lassie dice "¡Claro que creo en los ángeles, y sé que ellos salvaron la vida de mi hijo."

Los ángeles no solamente nos protegen de heridas físicas, también nos facilitan la vida ayudándonos a encontrar cualquier cosa que estemos buscando, tal como lo veremos en el siguiente capítulo.

Capítulo cinco

LOS ÁNGELES NOS AYUDAN A ENCONTRAR LO QUE ESTAMOS BUSCANDO

Nada está perdido ante los ojos de Dios. Aunque no sepamos en dónde se encuentra alguna cosa, Dios sí lo sabe. Como mensajeros divinos, los ángeles pueden devolvernos nuestra posesión, reemplazarla con algo mejor o conducirnos al lugar en donde se encuentra.

El arcángel Shamuel es el más importante "ángel que encuentra" cosas perdidas. Si se le refunden su chequera, sus llaves o sus lentes, invoque a Shamuel y a los ángeles. Algunas veces los ángeles lo llevarán al lugar en donde se encuentra el objeto. En otras ocasiones, los ángeles le traerán de regreso el objeto y lo colocarán en un lugar en donde usted ya había buscado antes, tal como le ocurrió a Altaira.

Altaira estaba una tarde haciendo un tejido en punto de cruz cuando su aguja cayó al piso. Buscó por todas partes pero no pudo encontrarla. Preocupada porque su hijo o su gato pudieran enterrarse la aguja, le pidió ayuda a sus ángeles. Decidió enhebrar otra aguja y salió de la habitación.

Cuando regresó, la primera aguja estaba justo al lado de la silla. Dice: "Sé que había mirado antes ahí porque incluso toqué el área de la alfombra con mi mano." Incluso más sorprendente, la segunda aguja que Altaira había enhebrado estaba en un porta hilos para que no se cayera, algo que Altaira sabía que no había hecho.

Muchas personas me han dicho que cuando invocaron a sus ángeles pudieron encontrar objetos valiosos perdidos desde hacía mucho tiempo. He escuchado innumerables historias de personas que han encontrado argollas de matrimonio, reliquias de familia y otros objetos de valor. La historia de Sophia es particularmente conmovedora:

Sophia atesoraba sus aretes de plata con piedras traslúcidas, especialmente desde que los había usado en épocas felices con su hijo y otros miembros de la familia. Por este motivo, se sintió desconsolada cuando al regresar del supermercado, descubrió que había perdido uno de sus aretes.

Revisó concienzudamente su cabello, su ropa, su cartera, sus bolsas de la compra, la cocina y el auto. Estaba inquieta pensando en la posibilidad de que el arete hubiera caído en el estacionamiento a la salida del supermercado. Sophia le pidió a sus ángeles: "Por favor, ayúdenme a encontrar el arete." Ella no sabía cómo podría ocurrir eso, pero algo por dentro le dijo que su fe sería recompensada.

Dos semanas después, Sophia regresaba del mismo supermercado, y atravesó el garaje hacia su jardín trasero para regar las plantas. Cuando caminó al lado de su auto, notó un reflejo plateado. Era su arete ligeramente torcido, pero todavía en buen estado. Cuando se agachó para recogerlo, se le salieron lágrimas de agradecimiento y dijo en voz alta: "¡Gracias ángeles!". Sophia dice: "Ahora lo creo de verdad, si es que antes no estaba totalmente convencida, que con un poquito de fe y mucha ayuda de los ángeles, ¡cualquier cosa es posible!"

Los ángeles no solamente pueden localizar objetos perdidos, también pueden arreglárselas para que le lleguen de nuevo a sus manos de formas milagrosas. Después de pedirles a los ángeles que le regresen algo, olvídese del tema y no se preocupe por la manera en que ellos responderán a su plegaria. Si usted siente que debe ir a alguna parte o hacer algo, siga su guía, puesto que eso puede llevarlo directamente al objeto de sus oraciones, tal como descubrió Karen.

Después de un largo día de trabajo, Karen estaba ansiosa por regresar a casa. Pero antes tenía que pagar algunas cuentas y depositar unos cheques en el banco. De camino de regreso a casa, se detuvo en la oficina de correo y luego se dirigió al banco. Pero cuando se disponía a realizar el depósito, se dio cuenta que los cheques no estaban. Karen le preguntó a sus ángeles: "¿En dónde estarán los cheques?" Una suave voz le respondió: "Respira profundo, escucha con tu corazón y lo sabrás." Entonces Karen respiró profundamente tres veces y se dispuso a escuchar.

Oyó de inmediato: "Los recogiste por accidente con las cuentas que enviaste por correo y están en la oficina de correos." Su corazón dio un brinco cuando cayó en cuenta que era probable que el correo ya hubiera sido recogido por el cartero, y que sus cheques se hubieran ido.

La voz le dijo: "Respira profundo y escucha tu corazón." Karen lo hizo y sus temores se apaciguaron lo suficiente como para escuchar las siguiente instrucciones de los ángeles: "Ve a la oficina de correos. Al cartero se le hizo tarde y está ahí ahora mismo recogiendo el correo. Él te ayudará a encontrar los cheques." Karen corrió al correo, efectivamente, el cartero estaba sacando las cajas con los sobres para colocarlas en su camión.

Karen le explicó la situación y el hombre le respondió con amabilidad: "No se preocupe, revisaremos juntos." Al poco tiempo encontraron los cheques. Cuando Karen le dio las gracias a sus ángeles, escuchó que le decían: "¡Gracias a ti Karen, por escuchar. Lo logramos juntos!"

Además de encontrar objetos perdidos, los ángeles también pueden guiarnos hacia el empleo apropiado, una casa maravillosa, amigos encantadores o cualquier cosa que necesitemos:

Joannie iba conduciendo sola en su auto, de camino desde California a Tejas para visitar a su madre. Era ya muy tarde y Joannie decidió salir de la carretera y buscar un hotel para pasar la noche. En medio de la nada, lo único que veía eran moteles sórdidos e inseguros a lo largo del camino. Entonces Joannie dijo en voz alta: "Vamos ángeles, por favor, ayúdenme a encontrar un lugar cómodo para pasar la noche." Fue guiada hacia una salida en donde encontró un hotel nuevo recién construido. La recepción del hotel estaba decorada con estatuas esplendorosas de ángeles, y allí encontró una maravillosa habitación disponible para ella.

Los ángeles pueden ayudarlo con todo, desde las cosas más triviales en apariencia hasta los asuntos de vida o muerte. En los siguientes tres capítulos, veremos formas de trabajar con sus ángeles para sanar y mejorar sus relaciones, su profesión y su salud.

Capítulo seis

AYUDA ANGÉLICA
CON LAS
RELACIONES

Es fácil sentirse en paz cuando uno está solo en meditación. Pero la espiritualidad real proviene del aprendizaje de mantener la paz en las relaciones. ¿Cómo lograr sentirse centrado y amoroso cuando las personas que lo rodean parecen querer arrastrarlo a uno? En estos casos, los ángeles también ofrecen ayuda práctica y efectiva.

Habiendo trabajado como psicoterapeuta, he estudiado durante décadas las relaciones humanas. Aunque muchas terapias especializadas son altamente efectivas, he descubierto que el trabajo con los ángeles en esta área, excede de lejos lo que los humanos podemos hacer cuando se trata de manifestar y sanar relaciones. Así es que ya sea una relación romántica o familiar, o entre padres e hijos o amistades, es muy sabio de su parte involucrar a los ángeles.

Su vida amorosa

Los ángeles pueden ayudarlo con su vida romántica, ya sea que esté en una relación o soltero/a. Si está buscando su alma gemela, los "ángeles del romance" pueden ayudarlo a encontrar a ese alguien particular. Un poderoso método de invocar la ayuda de los ángeles es encontrar un lugar sereno en donde no vaya a ser interrumpido, y escribir una carta como la siguiente:

Queridos ángeles guardianes de mi alma gemela:

Ahora, escriba su carta a los ángeles desde el corazón. No importa si usted sabe o no quién es su alma gemela, porque los ángeles sí lo saben. Luego concluya la carta diciendo algo así como:

Sé que mi alma gemela me está buscando con el mismo fervor que yo. Le doy las gracias por guiarme hacia esa persona para que nos encontremos, nos amemos y tengamos una relación alegre y armoniosa basada en respeto mutuo, integridad, intereses comunes y romance apasionado. Gracias por guiarme con claridad de forma que pueda ahora comprender con facilidad y disfrutar esta relación.

Varias parejas se han conocido en mis talleres, y sus relaciones han florecido como resultado de la meta compartida de trabajar en conjunto con los ángeles. Por lo general, en mis talleres le pido a los miembros de la audiencia que estén buscando a su alma gemela, que levanten sus manos y observen a las otras personas que también han levantado sus manos. Luego invoco a un grupo de ángeles conocidos como los "ángeles del romance", querubines similares a Cupido, que nos ayudan a redescubrir nuestro lado juguetón y divertido en la vida. Como resultado, entre estos ángeles y las personas que han levantado sus manos en el ejercicio, se han casado por lo menos cinco parejas que se han conocido en mis talleres.

Los ángeles del romance también pueden infundir nueva pasión en las relaciones existentes. Pídales que lo ayuden a usted y a su pareja a recuperar su lado divertido, el cual es un ingrediente importante del romance. Los ángeles dicen que muchas parejas se enfocan en exceso en el trabajo y las responsabilidades, y deben sacar el tiempo para relacionarse de manera más divertida y amorosa. Los ángeles del romance pueden ayudarlo a sacar tiempo para este importante asunto, y también pueden brindarle la energía para llevarlo a cabo.

Relaciones con los amigos

A menudo, nuestras relaciones cambian cuando nos comprometemos en un camino espiritual, lo cual incluye el trabajo con los ángeles. Si usted tiene una amistad que comenzó mientras estaba enfocado en el mundo material, puede sentir que se está alejando de esa amistad debido a su enfoque centrado ahora en el mundo espiritual. Por un lado, sus intereses pueden distanciarse. Por otro lado, la Ley de

Atracción dice que atraemos a las personas que están en la misma sintonía que nosotros. Así es que alguien que está enfocado en amor y paz, no atraerá a alguien que se enfoque en el miedo.

Pídale a sus ángeles que lo ayuden a pasar por esos cambios y transiciones en sus amistades. Pídale que le ayuden a encontrar resoluciones pacíficas a todas las relaciones que estén terminando. Los ángeles también pueden conseguirle nuevos amigos maravillosos, si solo lo piden.

Relaciones con la familia

De igual manera, sus relaciones familiares pueden cambiar cuando usted se enfoca más en su espiritualidad. Si usted viene de una familia más tradicional, ellos podrían al comienzo preocuparse por su espiritualidad. No intente convencer ni convertir a nadie a su nueva forma de pensar. La mejor forma de lidiar con este tipo de situación es mantenerse alegre y en paz. De esta manera, usted es un anuncio viviente de los beneficios de vivir en el camino espiritual.

Cuando las personas noten su paz, le preguntarán cuál es el secreto de su felicidad.

Los ángeles nos guían a liberar el resentimiento y la ira como un sendero hacia la paz. La mayoría de nosotros sufrimos en nuestras relaciones con la familia, los amigos y los seres queridos. Los ángeles se aseguran de que este dolor no arruine nuestra salud y felicidad presentes y futuras.

Si alguien ha cometido un acto imperdonable, los ángeles no le pedirán que cambie de idea ni le dirán: "lo que esa persona hizo está bien." Más bien, los ángeles desean que usted libere la ira que envenena su mente y su cuerpo. Cuando estamos resentidos, atraemos relaciones y situaciones similares.

Si está cansado de relaciones con patrones enfermizos, el culpable más probable es la falta de perdón hacia un miembro de la familia. La palabra *perdonar* es sinónimo de "liberar toxinas," y reemplazarlas por salud y paz. Los ángeles pueden ayudarlo a lograr esto, si se lo pide.

Una forma efectiva de liberar las toxinas emocionales, es invocar a los arcángeles Miguel y Jeremiel mientras se queda dormido. Esto se debe a que cuando duerme está más abierto a la intervención angélica. Durante sus momentos de vigilia, el ego de su miedo puede bloquear la ayuda de sus ángeles.

Dígale a los arcángeles, ya sea en silencio o en voz alta:

> *"Les pido que me ayuden a purificarme de cualquier ira, dolor, resentimiento, juicio, amargura o falta de perdón del pasado, de mi mente, cuerpo y emociones. Estoy dispuesto a cambiar el dolor por la paz. Ahora libero todo aquello que esté bloqueando mi percepción de paz, especialmente en mis relaciones."*

Cuando se despierte, advierta cualquier cambio positivo. No importa si recuerda o no lo que haya ocurrido durante el sueño con los arcángeles, ya que su trabajo ocurre en un nivel inconsciente.

Los ángeles pueden limpiarnos de asuntos del pasado que hayan ocurrido con personas vivas o fallecidas. Estas sanaciones no significan que usted tenga que reavivar la relación con la persona. La intención es atraer luz a su camino para que pueda sentir amor, paz y armonía en todas las áreas de su vida.

Hijos

Docenas de padres me han contado que han logrado adoptar un bebé o concebir después de pedirle ayuda a los ángeles, tal como le ocurrió a Mary:

Mary y su esposo estaban frustrados ante el proceso de aplicar y esperar un bebé en adopción. A pesar de todo, no deseaban perder sus esperanzas. Una mañana, cuando Mary salía de su trabajo, advirtió un broche de un ángel en su empaque original en el piso al lado de su auto. Se preguntó qué estaría haciendo un broche de ángel en la compañía constructora para la cual trabajaba, ya que ella era la única empleada mujer.

Lo abrochó en su bolso y tuvo confianza en que sería una buena señal. Esa tarde, Mary le pidió a sus ángeles ayuda con la adopción. A la siguiente mañana, la agencia de adopción los llamó para darles las buenas nuevas de que tenían un bebé para ella y su esposo. Al día siguiente, llevaron a casa a su hijo John, el cual ahora acaba de celebrar su quinto cumpleaños.

Después que un bebé llega a casa, los ángeles siguen ofreciendo su ayuda. Los dos arcángeles especializados en asuntos relacionados con los niños son Gabriel y Metatrón. Gabriel tiende hacia la infancia temprana, desde el embarazo hasta los dos o tres años. Al madurar el niño, Metatrón asume el rol de la custodia amorosa pero firme. Su papel principal es desarrollar y proteger la naturaleza espiritual del niño.

Los padres pueden invocar a Gabriel y a Metatrón para recibir ayuda con los asuntos de la conducta infantil. Para asuntos de salud o de la dieta, se debe invocar a Rafael. Para cualquier tipo de serias dificultades de la conducta como el uso de drogas o las tendencias agresivas, pida ayuda al arcángel Miguel. Muchas de estas dificultades ocurren cuando los jóvenes altamente sensibles absorben sin querer la energía negativa de sus alrededores. Pídale a Miguel que "aspire" a su hijo, lo cual es un término que usan los ángeles para describir su proceso de purificar a alguien de estas bajas energías. He visto cambios de conducta

radicales como resultado del proceso de aspirar a una persona por parte de Miguel, con resultados que exceden los métodos psicoterapéuticos que he estudiado en la universidad y en mi entrenamiento clínico.

Quizá se deba al amor puro de los ángeles o al hecho de que ellos no tienen ninguna restricción basada en el miedo o en los asuntos terrenales. Sea cualquiera la causa de estos milagros, los he visto y escuchado de parte de muchas personas preocupadas por sus hijos, que han recibido la ayuda de los ángeles. Como ejemplo, veamos esta historia, la cual escribí primero en mi libro *The Care and Feeding of Indigo Children (El cuidado y la alimentación de los niños Índigo)*:

Una mujer llamada Josie se me acercó en uno de mis talleres con lágrimas en los ojos y sus brazos extendidos para abrazarme. Me expresó que después de leer mis libros sobre el trabajo con los ángeles, había vivido una intervención divina con Chris, su hijo de trece años.

"Chris estaba fuera de control antes de comenzar mi trabajo con sus ángeles," me explicó Josie. "Nunca llegaba a casa a tiempo, y estaba usando drogas. Su rendimiento escolar era un desastre. Entonces mi tía me trajo a casa uno de tus libros y leí cómo hablar con los ángeles de Chris. En verdad no creía en los ángeles en esa época. Pensaba que eran como San Nicolás: un mito. Pero estaba desesperada por ayudar a mi hijo e hice el intento.

"Hablé en silencio con los ángeles guardianes de Chris, aunque no estaba segura de estar haciéndolo bien. Ni siquiera estaba segura de que él tuviera ángeles, ¡pues actuaba más como un demonio que otra cosa! pero vi resultados casi inmediatos. Ahora hablo con sus ángeles todas las noches."

Le pregunté a Josie cómo estaba Chris en la actualidad.

"¡Fantástico!" dijo con una sonrisa radiante. "Está feliz, ya no usa drogas y le va bien en la escuela."

Sanación de las relaciones con los ángeles

Usted puede sanar malos entendidos hablando con los ángeles guardianes de la otra persona. Aunque los ángeles no pueden violar el libre albedrío de nadie, ellos intervienen en cualquier situación que afecte su paz, incluyendo las relaciones antagónicas.

En estas situaciones, cierre sus ojos y céntrese en su respiración. Luego, sostenga la intención de hablar con los ángeles guardianes de la otra persona. No hay manera de que cometa un error o haga las cosas mal, ya que la intención es más importante que el método que utilice.

Luego, hable con los ángeles de esa persona desde su corazón (en silencio, por medio de una carta, o en voz alta). Háblele de sus miedos, sus iras y sus deseos. Enseguida, pídale a los ángeles que atraigan paz en la relación. No le diga a los ángeles cómo hacerlo, ya que esto podría desacelerar o evitar la respuesta a su plegaria. Permita que la infinita sabiduría creativa de la mente divina de Dios, produzca una solución ingeniosa que llenará de júbilo a todos aquellos involucrados en la situación.

¿Alguna vez ha deseado regresar el tiempo y cambiar algo que usted dijo, o lidiar con una situación de manera distinta? Pues bien, los ángeles pueden ayudarlo con este deseo por medio de un proceso llamado "enmienda." Piense en las acciones o en las palabras que le gustaría escribir y dígale a los ángeles:

"Pido que los efectos de este error sean enmendados en todas las direcciones del tiempo, y con todas las personas involucradas."

Este método a menudo causa que las personas involucradas olviden lo ocurrido, como si jamás hubiera pasado. Le ofrece un nuevo significado a la frase: "olvida y perdona."

Los ángeles dicen que cuando otra persona nos molesta o nos enoja, es porque estamos viendo en ellos algo que no nos gusta de nosotros mismos. En otras palabras, estamos proyectando ciertos egos de los cuales no estamos conscientes o no deseamos admitir. Todo el mundo tiene egos, no es algo de lo que debamos sentirnos avergonzados. De hecho, la proyección es un arma maravillosa que nos ayuda a concientizarnos de nuestros propios egos y así poder trabajar en ellos.

Los ángeles recomiendan que si estamos molestos o enojados con alguien, digamos:

*"Estoy dispuesto a liberar esa parte de mí
que me irrita cuando pienso en ti."*

Esto no quiere decir que sus propias acciones son similares a las acciones de la persona que lo molesta. Significa que una sombra en su interior reconoce la sombra en el interior de la otra persona.

Cuando admitimos con honestidad este proceso de proyección usando la afirmación anterior, logramos girar hacia una perspectiva más elevada. Podremos entonces vernos y ver a los demás a través de los ojos de los ángeles.

Los ángeles pasan por alto la personalidad y los egos de la gente. Más bien se enfocan en la luz y en el amor en el interior de cada persona, sin importarles las apariencias externas. Cuanto más vemos la bondad en los demás, más la veremos en nuestro interior.

Los ángeles dicen que todas las relaciones sirven para un propósito mayor, incluso las más cortas. Cuando el propósito de la relación se ha cumplido, disminuye la atracción entre las dos personas. Esta es una de las razones por las cuales algunas veces termina una relación.

Los ángeles pueden ayudarnos en el evento de que una relación termine, incluyendo la toma de decisiones difíciles como: salir de la relación y darnos el valor y la fuerza necesarios para soportar la separación, ayudando a todas las personas involucradas en su sanación.

Cuando el esposo de Annette la abandonó con sus dos hijos pequeños, ella quedó devastada emocional y económicamente. Casi de manera simbólica semejante a lo indefensa que se sentía, el coche de su bebé quedó encerrado en la cajuela de su desvencijado auto y nadie lograba abrirlo, teniendo por lo tanto que cargar a su bebé ya grandecito en sus brazos dondequiera que iba. Después de seis meses de luchar con este asunto, decidió por fin pedirle ayuda a los ángeles. Annette invocó en particular al arcángel Miguel, con quien había trabajado previamente.

Annette fue guiada a liberar su ira y su enojo hacia su ex-esposo escribiéndole una carta muy sentida y profunda, y luego quemándola. Cuando la carta se convirtió en cenizas, Annette comenzó a ver destellos brillantes de luces azules que le indicaron que el arcángel Miguel estaba con ella.

Al día siguiente, Annette fue guiada a sacar de su auto todas las pertenencias de su ex-esposo. Le pidió a los ángeles que la ayudaran a retirar toda la negatividad en ella, en sus hijos, en su hogar y en su auto. Mientras Annette estaba sacando del auto los últimos papeles de su ex-esposo, la cajuela de su auto se abrió sola. ¡Annette no podía creerlo! Llena de agradecimiento, sacó el coche de la cajuela, dándole gracias de todo corazón a los ángeles por su ayuda.

Cuando entró a su casa, sonó el teléfono. Era su sobrino, quien la llamaba en muy raras ocasiones, diciéndole que le había contado a su vecino sobre la situación que ella estaba viviendo. El vecino estaba vendiendo un hermoso auto blanco en perfectas condiciones por la suma de cinco mil dólares, pero estaba dispuesto a dejárselo a Annette en dos mil dólares. Annette lloraba cuando le entregaron el auto, ya que era mucho más de lo que ella esperaba.

Ella dice: "Cuando vi el automóvil blanco entrar en mi garaje, supe que era un regalo de los ángeles. Estoy fascinada por toda la 'suerte' que he tenido desde que le pedí a los ángeles ayuda con mi vida. Ellos siguen cuidándome a diario, dejándome saber que están conmigo por medio de destellos de luces azules, violetas y verdes. Nunca me hace falta nada, ya que mis necesidades diarias están siendo cubiertas gracias a los ángeles."

Los ángeles pueden ayudarnos con todo lo relacionado a nuestras relaciones, ya sea con nuestras parejas, familiares, amigos e incluso con desconocidos. Los ángeles también nos guían y nos protegen en nuestras relaciones laborales. Después de todo, pasamos gran parte del tiempo con colegas, jefes, clientes y otras personas con quienes entramos en contacto en nuestro lugar de trabajo. En el siguiente capítulo, exploraremos la forma en que los ángeles nos ayudan con nuestra carrera y con el propósito de nuestras vidas.

Capítulo siete

AYUDA ANGÉLICA
CON SU PROFESIÓN
Y SU PROPÓSITO
DE VIDA

Una de las principales preguntas formuladas por miembros de mis audiencias es: "¿Me pueden decir los ángeles el propósito de mi vida?" La pregunta que subyace en este asunto es por lo general: "¿Cuál sería la carrera que más me convendría?"

Ya que pasamos ocho o más horas al día trabajando, tiene sentido desear un empleo significativo. Algo más que un trabajo que pague las cuentas. Una carrera que le inspire pasión, y por medio de la cual usted crea que puede causar una diferencia positiva en el mundo. Y si, además, el salario es bueno, mejor todavía.

Todos tenemos un propósito de vida importante y necesario que involucra nuestros talentos, pasiones e intereses naturales. Nuestro propósito de vida ayuda de alguna manera a los demás, a los animales o al medio ambiente. Los ángeles nos piden que nos enfoquemos en ofrecer algún tipo de servicio, y no nos preocupemos por el dinero o las distinciones que recibamos. Ellos dicen: "Sirvan un propósito y su propósito les servirá de regreso." Los ángeles pueden otorgarle cualquier apoyo en esta área.

Los arcángeles y las profesiones

Los arcángeles se sienten felices de ayudarlo con todos los aspectos de su profesión. A continuación vemos algunas de las tareas específicas que los arcángeles pueden realizar:

Ariel: Este arcángel ayuda a las personas interesadas en las carreras relacionadas con el medio ambiente, la naturaleza y los animales. Ariel también ayuda en la manifestación de dinero y otros suministros necesarios para cumplir con su propósito de vida y con los gastos diarios.

Azrael: Si su profesión está relacionada con ayudar a las personas que sufren o guiarlas cuando experimentan pérdidas (tal como trabajo en hospitales, hospicios, consejería y similares), este arcángel puede guiar sus palabras y acciones para aliviar y empoderar a los afligidos.

Shamuel: El "arcángel que todo lo encuentra" lo ayuda a descubrir la profesión o el empleo que está buscando. Shamuel también lo asiste a conservar su paz, ayudándolo a conseguir el mejor empleo posible.

Gabriel: El arcángel mensajero ayuda a maestros, periodistas, escritores y a todos aquellos que desean trabajar con niños. Si se siente guiado a escribir, Gabriel lo motivará y lo guiará. Si desea ayudar a los niños de alguna manera, pídale a Gabriel una tarea divina.

Haniel: Es maravilloso invocar al arcángel de la gracia en caso de una entrevista de trabajo, de reuniones o en cualquier ocasión en que necesite ayuda para comunicarse mejor y con más gracia.

Jofiel: El arcángel de la belleza le ayuda a conservar la energía pura y elevada en su lugar de trabajo, y a mantener sus pensamientos positivos en cuanto a su profesión. Ella también ayuda en todos los aspectos relacionados con su profesión a los artistas, a las personas creativas y a cualquier persona involucrada en asuntos de belleza.

Metatrón: Si su profesión está relacionada con adolescentes o niños llenos de energía, Metatrón puede ayudarlo. Él puede conseguirle una tarea divina si le gusta trabajar con adolescentes; y Metatrón es también un motivador y organizador maravilloso, así es que invóquelo si necesita asistencia con su impulso emprendedor.

Miguel: El arcángel Miguel puede ayudarlo a discernir el propósito de su vida y el siguiente paso a tomar en su carrera. Una de las mejores formas de comenzar el proceso es escribirle una carta, preguntando por las mejores opciones que usted tiene en cuanto a su profesión y a sus estudios. Miguel es uno de los arcángeles que habla con voz más alta, así es que usted no tendrá ningún problema escuchándolo. Escriba las respuestas del arcángel debajo de sus preguntas en su carta, para que lleve un registro de la guía sobre su carrera.

Miguel habla directo al grano. Es bastante amoroso, pero también es muy contundente. Por esta razón, es maravilloso invocar a Miguel cuando uno necesita el valor para cambiar o mejorar su profesión. Él le ayudará a encontrar un mejor trabajo; a comenzar su propio negocio; a expresarse con honestidad ante sus compañeros de trabajo, jefes y clientes.

Miguel es también sorprendente arreglando equipos electrónicos y mecánicos tales como: computadoras, automóviles, máquinas de fax y similares.

Rehael: Si su trabajo involucra relaciones con clientes, colegas y mediación, tal como terapia matrimonial, el arcángel Rehael puede asegurarle la armonía.

Rafael: Si usted está en la carrera de sanación o se siente guiado a ser sanador, Rafael puede ayudarlo. Siendo el sanador en jefe, Rafael lo asiste con todos los aspectos de las carreras relacionadas con la sanación. Él puede guiarlo ayudándolo a seleccionar la modalidad de sanación que usted más disfrute, manifiesta el dinero para pagar sus estudios de la salud, abrir y conducir un centro de alguna modalidad curativa, encontrar el mejor empleo en ese campo o establecer una práctica privada exitosa, y guiarlo con las mejores acciones y palabras durante sus sesiones de sanación.

Sandalfón: Este arcángel ayuda con las profesiones en las artes, especialmente la música. Invoque a Sandalfón como una musa que lo inspire, como un maestro para guiarlo en su proceso creativo, y como un agente para que le ayude a promover sus proyectos creativos.

Uriel: El arcángel de la luz puede iluminar su mente con ideas y conceptos sabios. Invoque a Uriel para la resolución de problemas, la agitación nerviosa o las conversaciones importantes.

Zadkiel: Este arcángel ayuda a mejorar la memoria, y es un compañero maravilloso de los estudiantes o de cualquier persona que deba recordar nombres, números u otra información importante.

Los ángeles en el trabajo

Los ángeles trabajan horas extraordinarias para ayudarlo con su carrera. Solo pídalo y ellos filtrarán sus llamadas telefónicas y alejarán las tareas innecesarias que lo hacen perder el tiempo.

Los ángeles también pueden guiarlo hacia los clientes idóneos para su negocio. Una oración maravillosa para la mañana es:

"Pido que todas las personas que puedan recibir bendiciones de mi producto (o servicios) obtengan el tiempo, el dinero y todo lo necesario para comprar mi producto (o servicios) hoy."

He hablado con muchos exitosos propietarios de negocios que usan este tipo de oración con excelentes resultados. Me parece fantástico ver a todas esas personas llenas de clientes felices efectuando sus pagos.

Pídale a los ángeles que lo ayuden a disfrutar de su trabajo, y ellos le inyectarán cada día alegría y momentos significativos. Si desea algo, como una nueva computadora, un nuevo inventario o una oficina más grande, pídale a los ángeles ayuda al respecto. Si necesita ideas, conexiones o energía, también los ángeles acuden en su ayuda.

Los ángeles pueden ayudarlo con cada detalle grande o pequeño en conexión con su vida porque ellos lo aman y lo cuidan. Ellos desean que usted esté en paz, y también saben que es más feliz cuando se siente bien respecto a la forma en que transcurre su día.

Los ángeles desean ayudarnos a sentirnos bien todo el tiempo y esto incluye la sanación de nuestros seres queridos, si se presenta un problema de salud. En el siguiente capítulo, hablaremos sobre algunas de las formas como los ángeles cuidan nuestra salud, asegurándose de que estemos en paz en mente, cuerpo y espíritu.

~∞~∞~

Capítulo ocho

SANACIÓN
CON
LOS ÁNGELES

Nada es imposible para Dios y los ángeles. Ellos pueden sanar cualquier condición, aumentar nuestra motivación para hacer ejercicios y eliminar o reducir las ansias de comidas o sustancias poco sanas. Lo único que se requiere de nuestra parte es la decisión clara y cristalina de que deseamos sanarnos, y la voluntad de entregarle la situación por completo a Dios y a los ángeles.

Los ángeles trabajan en conjunto con Jesús, Buda y otras deidades, por esto, usted no debe preocuparse de que la Sanación angélica interfiera con sus creencias o impedimentos religiosos.

Usted puede pedirle a Dios que le envíe ángeles sanadores a otra persona. Tal como lo señalé con anterioridad, los ángeles no violan el libre albedrío de las personas imponiendo sanaciones indeseadas sobre ellos (recuerde que no todo el mundo desea ser sanado por razones personales conocidas solamente por ellos). Sin embargo, la *presencia* de los ángeles tiene un efecto calmante que es siempre útil y sano, por esto es buena idea invocar a los ángeles para que asistan a las personas que están lidiando con problemas de salud.

El arcángel Rafael es el principal ángel que conduce y supervisa las sanaciones. Lo asisten sus "ángeles sanadores" quienes trabajan en concierto exacto con él para orquestar sanaciones milagrosas. El halo de Rafael es de color verde esmeralda, que es el color energético del amor puro. Rafael rodea las partes del cuerpo en donde hay heridas o enfermedades con luz verde esmeralda.

Algunas veces los ángeles sanan guiándonos hacia maravillosos profesionales de la salud. Después de pedirle ayuda a los ángeles, preste mucha atención a las ideas repetitivas o a los sentimientos que le piden para que contacte a ciertos doctores o centros de salud. Recuerde que siempre le puede pedir a los ángeles que eleven sus voces o que le expliquen mejor algo que usted no entiende.

La historia de Holly ilustra cómo los ángeles pueden sanarnos de forma milagrosa, siempre y cuando pidamos su ayuda y luego nos apartemos para dejarlos que hagan su trabajo:

Holly sobrevivió a un accidente automovilístico frontal, pero su tobillo derecho quedó totalmente destrozado por el impacto, y sentía que una gran parte de su vida había muerto. Había sido una ávida alpinista, corredora y bailarina, y ahora apenas era capaz de ponerse de pie y caminar. No podía soportar los zapatos de tacón que tanto amaba, y no podía bailar alrededor de su cocina como solía hacerlo con regularidad mientras preparaba la cena familiar.

Sin el uso de su tobillo derecho, su vida lucía descolorida, y Holly se convirtió en una persona con depresión crónica.

Cojeaba, sufría de dolores y su doctor le recomendó una cirugía para fusionar permanentemente su tobillo con tornillos y restringir por completo el movimiento de su pie derecho.

Holly había leído muchos libros sobre ángeles y era una ferviente creyente en Dios, pero siempre había estado en total control de su vida, y jamás había pedido ayuda a nadie... ni siquiera a Dios. Autodidacta y "obsesionada con el control," Holly siempre había creído que si ella no se ocupaba personalmente de las cosas, nadie las haría bien. Sin embargo, ahora estaba bajo la depresión y estaba lista para pedir ayuda.

Después de leer las sanaciones descritas en mi libro *Angel Medicine (Medicina angélica)*, Holly recibió una manifestación espiritual y comprendió que ella merecía el mismo tipo de ayuda que otras personas habían obtenido de Dios y los ángeles. Se dijo a sí misma: *¡merezco un milagro!* También comprendió que ya no funcionaba su antiguo método de tratar de controlar todo y usar el concepto de que "la muerte puede más que el cuerpo".

Ella recuerda: "Por primera vez en mi vida, dejé que las cosas fluyeran. Comprendí que no tenía que pasar por esto sola. Me liberé de los miedos, del dolor y de la depresión. Lo único que pedí fue que me sanaran durante mi sueño, porque sabía que haría demasiadas preguntas ¡mientras estuviera despierta!"

Después de que Holly le pidió sanación a Dios y a los ángeles, se acomodó con sus tres perros y se quedó dormida. Normalmente durante la noche, los perros de Holly se agitaban y pedían que los dejaran salir, pero esa noche fue totalmente distinta puesto que durmieron hasta el repuntar del nuevo día.

Holly, por otro lado, se despertó abruptamente al sentir impulsos eléctricos que hicieron retorcer su cuerpo. Sentía escalofríos mientras los impulsos eléctricos recorrían su cuerpo. La habitación se llenó de la misma sensación de electricidad estática.

Holly se sintió más ligera que nunca y supo que en ese momento había sido curada. Una voz le dijo: "Levántate," y entonces dejó caer sus piernas sobre el borde de la cama. Los perros seguían dormidos.

Holly dice: "El pie que estaba casi inmóvil ¡había recuperado toda su capacidad de movimiento! Mi pie derecho podía moverse en los mismos ángulos y con la misma rotación que el izquierdo. Me levanté y por primera vez en año y medio, no sentía dolor. Coloqué todo el peso de mi cuerpo sobre ese pie y caminé sin cojear."

Holly ahora baila, corre y usa de nuevo zapatos de tacones. Ella afirma: "Estoy haciendo lo que la ciencia dice que es imposible. Lo único que tenía que hacer era creer. Solamente tenía que pedirlo. Gracias, grandísimo Señor, por enviarme a Tus arcángeles. Finalmente pude recuperar mi vida."

Además de ayudar a sanar nuestros cuerpos, los ángeles también pueden ayudar a sanar a los animales. Nuevamente, es solo cuestión de pedirlo:

Jesús, el gato de Andrea, estaba muy enfermo. No se podía mover ni comer, y ella lo llevó al veterinario quien le diagnosticó una infección y piedras en los riñones. Unos días más tarde, el gato seguía con fiebre alta en el hospital para animales. Alrededor de las cuatro y media de la tarde, cuando Andrea llamó a preguntar por el estado de su gato, el veterinario le advirtió que su gato podría no sobrevivir.

Llorando, Andrea colgó el teléfono y le suplicó a los ángeles que sanaran a su gato. Media hora después de haber hablado con sus ángeles, Andrea se sintió llena de paz. Escuchó una voz que le dijo: "Tu gatito se recuperará y será como si nada hubiera pasado."

A la mañana siguiente cuando llamó al hospital, una enfermera le dijo que la temperatura de su gato había vuelto a la normalidad a eso de las cinco y media de la tarde anterior. ¡Era exactamente en el momento en que Andrea se había sentido en paz y había hablado con sus ángeles! Hoy en día, nadie se daría cuenta de que el gato de Andrea estuvo enfermo, tal como lo prometieron los ángeles.

Vida sana

A la vez que los ángeles se sienten felices de ayudarnos con nuestras crisis de salud, también están involucrados con la medicina preventiva para que permanezcamos sanos y llenos de vitalidad a lo largo de nuestras vidas. Es muy probable que usted haya sentido un codazo de sus ángeles para que cambie su dieta, haga más ejercicio y/ o haga algo más para mejorar su salud.

Muchas personas descubren que al poco tiempo de comenzar a trabajar con los ángeles, cambia su gusto por ciertos alimentos y bebidas. Algunas personas incluso pierden la habilidad de digerir fácilmente algunos de sus alimentos preferidos.

Esto es parte del cambio hacia una energía más elevada que ocurre cuando usted se rodea de los ángeles. De la misma manera en que la Ley de Atracción dice que usted atrae a las personas con sentimientos y creencias similares a las suyas, así también cambia su atracción hacia los alimentos y bebidas.

Algunas personas mejoran su dieta de forma fácil y natural, pero muchos de nosotros necesitamos la ayuda angélica. Sufrí de terribles dolores de cabeza cuando comencé a escribir mis libros sobre ángeles. Puesto que era la primera vez que me ocurría en toda mi vida, supe que algo malo sucedía. Le pregunté sobre esto al arcángel Rafael, y escuché de inmediato (a través de mis sentimientos y de mis pensamientos) que su origen yacía en mi consumo diario de chocolate. Él me explicó que el chocolate estaba reduciendo mis niveles de energía, lo cual causaba un conflicto cada vez que me conectaba con los ángeles. Es como cuando chocan dos sistemas climáticos de baja y alta presión y causan una tormenta.

Me sentí atormentada por esa información, puesto que ansiaba casi constantemente el chocolate, y me preguntaba cómo haría para vivir un día sin comerlo, entonces le pedí ayuda a Rafael. Esto ocurrió en 1996, y desde esa tarde no he deseado ni anhelado comer chocolate. Me curó por completo de todas mis ansias, lo cual no es un milagro insignificante considerando la terrible adicción al chocolate que yo tenía. Los dolores de cabeza también desaparecieron y jamás regresaron.

Los ángeles no son beatos ni tienen normas morales, pero saben que algunos de nosotros debemos liberarnos de los químicos para obtener salud y felicidad óptimas, por eso a menudo nos guían para desintoxicarnos y mantenernos lejos del alcohol, el azúcar, la cafeína, la nicotina y otras drogas. Los ángeles me han ayudado de muchas maneras, así como a muchas personas para mantenernos libres de químicos y ansiedades.

Además de los asuntos relacionados con la dieta, los ángeles también nos ayudan a dirigirnos hacia programas de ejercicio que concuerden con nuestros intereses y niveles de energía. A menudo nos guían hacia el yoga porque nos ayuda a enfocarnos y a meditar, así como a estirar nuestros músculos, purificar nuestros chacras y tener más energía.

A los ángeles también les encanta que pasemos mucho tiempo en la naturaleza, mientras nos refresca y renueva la energía mágica del aire fresco, los árboles, las flores, las plantas, el agua y los rayos del sol.

Además, los ángeles nos recomiendan que descansemos mucho. Esta guía también incluye asegurarnos de que nuestras habitaciones estén en calma, nuestras camas sean cómodas y la ropa de cama y las almohadas estén libres de sustancias causantes de alergias.

Si usted ha tenido sentimientos o pensamientos que lo insten a involucrarse en algunos de estos estilos de vida más sanos, es una señal de que está escuchando a sus ángeles. Si necesita ayuda con la motivación, la energía, el tiempo, el dinero o cualquier cosa que lo ayude a realizar estos cambios, solamente pídala.

Capítulo nueve

ÁNGELES SOBRE LA TIERRA

E s posible que alguna vez se haya encontrado con un ángel en forma humana que le haya ofrecido un mensaje de consuelo o que haya realizado un acto de heroísmo. Los ángeles pueden aparecer en cuerpos humanos cuando es necesario salvar una vida o ayudar a alguien que realmente desee escuchar lo que tienen que decir.

Los ángeles encarnados lucen como personas ordinarias. Algunas veces se visten elegantes y otras veces se visten de harapos. Estos ángeles por lo general asumen forma física temporalmente, pero solamente el tiempo suficiente como para realizar una función celestial. Sin embargo, algunos ángeles viven toda una vida como humanos, cuando se requiere ayuda angélica a largo plazo en una familia, hospital, escuela u otro grupo. Ahora veremos el ejemplo de los ángeles humanos que acudieron a la ayuda de Susan.

Durante un frío invierno, se dañó la calefacción de Susan*. La compañía de reparación de electrodomésticos acudió a su llamado, pero ella descubrió que no podía costear ni el arreglo ni el reemplazo de su calefacción. Al día siguiente, se estacionó frente a su casa una camioneta blanca sin nombre de compañía. Dos hombres con uniformes sin membrete, le informaron que habían sido enviados para entregar e instalar la nueva calefacción.

Cuando Susan protestó que ella no había pedido una nueva calefacción, los hombres dijeron que la instalarían y que más tarde ella discutiría con la oficina la cuestión económica. Susan no volvió a ver a los hombres y nunca supo a qué compañía llamar para pagar la calefacción.

Simplemente, sabía que sus ángeles se
habían encargado de enviarle calefacción
a ella y a su familia.

Los ángeles nos ayudan de maneras milagrosas. En vez de pedir en oración el dinero
para reemplazar la calefacción, Susan pidió
sencillamente que se restaurara la calefacción en
su hogar. Si ella hubiera insistido en que Dios le
diera el dinero porque esa era la única manera
de solucionar el problema, podría haber ocurrido
que la respuesta a sus oraciones no hubiera llegado
tan prestamente.

De igual manera, Tracy descubrió que los
ángeles son siempre generosos con el dinero y
con el tiempo:

Tracy y su bebita estaban en el aeropuerto registrándose para su vuelo de
regreso a casa; sin embargo, la aerolínea
le dijo que el pasaje de Tracy era inválido
y que tendría que comprar uno nuevo si
quería abordar el avión. Ella no tenía el
dinero para comprar otro pasaje, entonces
se sentó y comenzó a llorar.

Una mano suave tocó el hombro de Tracy. Era una señora de edad bien vestida que preguntó si podía ayudarla en algo. Cuando Tracy le explicó la difícil situación en la que se encontraba, la mujer le compró de inmediato un segundo pasaje. Tracy le agradeció profundamente este gesto a la mujer, y al poco tiempo la mujer se desvaneció.

Cuando Tracy abordó el avión, se alegró al ver que la misma mujer estaba sentada a su lado, y reconfortó a Tracy y a su bebita durante el viaje. Cuando aterrizaron, Tracy de nuevo le agradeció a su benefactora por el pasaje y las palabras de consuelo. Sin embargo, inmediatamente después de desembarcar, la mujer se desvaneció de nuevo. Tracy no tiene dudas de que la mujer era un ángel encubierto.

Un ángel puede aparecer en nuestras vidas en forma humana durante una corta relación para ofrecernos protección, para dirigirnos durante un momento crucial en nuestras vidas o para ofrecernos apoyo y guía. Estos seres pueden salir de nuestras vidas tan pronto como entraron, luego de haber realizado su función angélica:

Anna llevaba tres meses ocupándose del cuidado del cabello de Betty todos los viernes a las nueve de la mañana. Un jueves en la tarde, Betty llamó a Anna para cambiar su cita de la mañana siguiente por las ocho. Debido a esto, Anna llegó a su salón de belleza una hora antes de lo normal. Diez minutos después, un terremoto de 6.0 grados de magnitud sacudió su negocio (se trataba del terremoto Whittier Narrows en octubre de 1987).

Durante el temblor, la casa rodante de Anna quedó destruida y un poste de luz cayó sobre el toldo. Si no hubiera sido por la llamada de Betty para cambiar su cita, lo que la hizo salir de la casa más temprano, es muy posible que Anna habría sufrido de serias heridas o incluso de algo peor. Betty nunca llegó a su cita y Anna jamás volvió a saber de ella. Después de todo, Betty había

cumplido su función celestial de proteger
la vida de Anna.

Algunas veces el cielo nos pide que cumplamos
la función de un ángel. ¿Alguna vez ha consolado
a un amigo o a un cliente y ha dicho algo tan sabio
y reconfortante que se ha preguntado de dónde
le salieron esas palabras? Este es un ejemplo de
Dios hablando a través de usted como un ángel
mensajero.

En otras ocasiones, es muy claro cuando le
están llamando la atención para actuar como un
ángel en la Tierra, lo cual fue lo que le ocurrió a
Kathy:

Kathy, enfermera licenciada, pensaba
en detenerse a ayudar cuando vio un terrible accidente automovilístico al otro lado
de la autopista. Sin embargo, la preocupaba
tener que cruzar el tráfico que iba a toda
velocidad. Algo dentro de ella le decía que
se detuviera de todas maneras. Cuando
salió del carro, se le acercó una mujer y la
llamó por su nombre a pesar de que nunca
se habían conocido. La mujer le dijo que

las personas del accidente necesitaban su ayuda. Cuando Kathy replicó: "No puedo cruzar la carretera", la mujer le dijo: "Te ayudaré."

La mujer se paró en medio de la congestionada carretera y levantó sus manos para detener a los grandes camiones. Tomó a Kathy por el brazo y la condujo a través de la autopista hacia un joven que yacía en medio de la carretera y a quien le urgía atención médica. Kathy miró por encima de su hombro, pero la mujer había desaparecido.

Kathy le aplicó resucitación cardiopulmonar y oró junto con el joven hasta que llegó la ambulancia. Más tarde investigó sobre la mujer, pero nadie la había visto. Kathy está segura de que se trataba de un ángel guardián, y de que esa noche ella misma había sido usada al servicio de un ángel.

La mayoría de las personas que encuentran un ángel en forma humana, no se dan cuenta al principio que la persona que los está ayudando era un ángel. Es solamente después, cuando el ángel desaparece de su vista, que se percatan de su verdadera identidad:

Una noche de extrema neblina, Bárbara y su amiga Lorraine estaban inquietas por cómo llegarían a casa de la escuela, después de un día de trabajo dando clases. La niebla era tan densa que casi no pudieron encontrar su auto en el estacionamiento de la escuela. Justo cuando Bárbara tomó el volante a su pesar, un hombre bien vestido apareció de la nada.

"Muévete", dijo el hombre con autoridad. Ninguna de las dos mujeres sintió miedo, como si de alguna manera confiaran en el hombre y en su buen juicio. De camino a casa, las dos se quedaron dormidas, como en una especie de trance.

Bárbara recuerda: "Volví a la realidad justo cuando llegamos a nuestra casa y descubrimos que mi esposo y el esposo de Lorraine nos estaban esperando, aliviados de que hubiéramos llegado sanas y salvas."

Lorraine corrió hacia la casa, mientras Bárbara se preguntaba qué había ocurrido. El hombre había desaparecido y Bárbara estaba sentada tras el volante sin recordar cómo había llegado ahí. Hasta el día de hoy, Lorraine y Bárbara siguen maravilladas, ambas creen que esa noche un ángel vino a su rescate.

Los ángeles asumen forma humana para ofrecernos asistencia física, como el ángel humano que condujo a Bárbara y a Lorraine a salvo de regreso a través de la neblina. Ellos también se encarnan durante épocas de crisis y estrés, cuando no podemos escuchar la voz tenue y serena del Espíritu. En estos casos, los ángeles asumen forma humana para que le prestemos atención a sus importantes mensajes y advertencias, como en el caso de Patricia:

Patricia iba conduciendo a través de una intersección cuando escuchó un golpe terrible. Al abrir sus ojos, se dio cuenta de que había estado en un accidente. Patricia se sentó lentamente y advirtió a una mujer que la miraba a través de la ventana de su auto. "¡Apaga el auto!": dijo la mujer. "Está apagado," replicó Patricia, sin percibir que el motor seguía funcionando. La mujer repitió: "Gira la llave para apagarlo." Patricia obedeció y la mujer desapareció.

Los bomberos y los socorristas tuvieron que usar una llave hidráulica para sacar a Patricia del auto. Uno de los hombres dijo: "Menos mal que apagó su auto. Había un derrame de gasolina por todas partes y una chispa del encendido la habría hecho volar en pedazos." Cuando Patricia explicó que la mujer la había instruido para que apagara el auto, el hombre dijo: "¿Cuál mujer? Nadie llegó a su auto antes que nosotros. Nadie podría haber llegado hasta su auto hasta que una grúa lo sacara de en medio del tráfico, hacia un lado de la carretera." Fue en ese momento que Patricia comprendió que un ángel la había salvado.

Ya sea que encarnen en forma humana o en el mundo espiritual, los ángeles están aquí para implementar el plan divino de paz, persona por persona. Esto quiere decir que los ángeles desean ayudarlo con todo aquello que *le* brinde paz. Si usted no sabe qué es aquello que le brinda paz, puede pedirle a los ángeles guía para establecer sanas intenciones para su vida. Los ángeles también pueden brindarle el tiempo, la motivación, la energía y cualquier cosa que necesite para actuar según su guía divina.

Los ángeles lo aman más de lo que puede ser expresado en palabras. Ellos lo aman incondicionalmente, y aprecian y valoran sus dones y talentos, así como su misión divina. Más que nada, sus ángeles desean que usted sienta paz y felicidad. Están disponibles todo el tiempo para ayudarlo en su sendero. Lo único que usted tiene que hacer es pedir.

Capítulo diez

PREGUNTAS FRECUENTES SOBRE LOS ÁNGELES

Ahora responderemos algunas de las preguntas que formulan con mayor frecuencia los miembros de las audiencias de mis talleres y los lectores de mis libros. Aunque no pretendo conocer todas las soluciones, sé escuchar y he recibido estas respuestas al formular estas preguntas a Dios y a los ángeles. Le sugiero que pregunte y escuche las respuestas que recibe.

P: ¿Por qué no puedo escuchar a mis ángeles?

R: Las dos razones por las cuales las personas no logran escuchar a sus ángeles son porque están haciendo demasiado esfuerzo por hacer que esto ocurra, y porque están inconscientes o inseguros de los mensajes angélicos que reciben.

Es importante que no se presione o se esfuerce demasiado por escucharlos. Es cosa fácil. Recuerde que los ángeles están más motivados que usted por tener una conversación. Déjelos hacer su trabajo, mientras que usted permanece en un estado receptivo en vez de estar tratando de capturar sus voces.

Aquiete su mente a través de los pensamientos, luego cierre los ojos y pídale a sus ángeles que lo ayuden a sentirse en paz. Luego hágales una pregunta. Advierta las impresiones que le llegan en forma de ideas, de sentimientos físicos o emocionales, de visiones o palabras. Es imposible no recibir nada ya que los ángeles siempre responden a todas las preguntas y a que usted siempre está pensando y sintiendo: dos canales de comunicación angélica.

Honre los pensamientos y los sentimientos que le llegan, especialmente si son repetitivos, amorosos y llenos de inspiración. Con frecuencia los mensajes de los ángeles son muy sencillos y en apariencia no están relacionados con su pregunta u oración. Si sigue inseguro de la validez o el significado del mensaje, pídale a los ángeles que le ofrezcan una clara señal o información adicional.

Algunas veces las personas no pueden escuchar a sus ángeles debido a sus estilos de vida. Una interferencia posible para una comunicación divina puede incluir un ambiente ruidoso y productos químicos o animales en la dieta. Si está recibiendo fuertes sensaciones o ideas de cambiar su estilo de vida, pídale a los ángeles que lo ayuden a motivarse y a lograrlo.

P: Le pedí ayuda a mis ángeles, pero no parece haber sucedido nada.

R: La razón más frecuente de que nuestras oraciones parezcan no haber sido respondidas, es debido a que la guía divina (la respuesta de los ángeles a sus oraciones en forma de instrucciones y consejo que lo llevan a la realización de sus deseos) ha pasado inadvertida o ha sido ignorada. Si usted espera un tipo de respuesta específica a su oración, puede no darse cuanta cuando llega algo distinto a sus expectativas. Por ejemplo, cuando pedí encontrar y casarme con mi alma gemela, recibí la guía de asistir a una clase de yoga, en donde finalmente conocí a mi esposo. Si no hubiera escuchado la guía divina de asistir a estas clases, podría haber asumido que mis oraciones habían sido en vano.

Algunas personas no confían en la guía divina que reciben. Por ejemplo, si usted pide que su situación económica mejore, podría tener la impresión intensa de querer iniciar un negocio o cambiar de empleo. Sin embargo, si se siente intimidado ante la idea de cambiar de trabajo o de manejar una compañía, podría ignorar esta guía y asumir que los ángeles no lo están ayudando económicamente.

Una tercera razón cae bajo la categoría del "tiempo divino." Algunas oraciones son respondidas de forma instantánea, mientras que otras necesitan tiempo para "fraguarse" antes de que todos los factores caigan en su lugar. Algunas oraciones no pueden ser respondidas hasta que estemos listos o merezcamos recibirlas.

P: ¿Se rinde culto a los ángeles?

R: No. Los ángeles no desean ser venerados. Ellos quieren que toda la gloria sea para Dios.

P: ¿Por qué los ángeles no salvan a todo el mundo, especialmente a los niños inocentes?

R: Esta pregunta toca uno de los misterios más profundos de la vida, y la respuesta puede ser inescrutable. Algunas personas escogen no luchar por sus vidas durante enfermedades o heridas, y otros no escuchan su guía divina que podría salvarlos. Parece que todos tenemos nuestra "hora" para regresar al Cielo, la cual ha sido predeterminada por nuestras almas antes de encarnarnos. Aunque deseamos que todo el mundo tenga una vida larga y llena de salud en la Tierra, esto aparentemente no forma parte de todos los caminos o deseos de cada alma.

P: ¿Qué tal si lo que pido no es la voluntad de Dios para mí?

R: Algunas personas temen que la *voluntad* de Dios sea que ellos sufran, y temen violar una voluntad más poderosa que la de ellos. Sin embargo, si de verdad creemos que Dios es amoroso, y si confiamos que Dios es bueno, entonces, ¿por qué razón el Creador querría algo más que amor y bondad en nuestras vidas? Alguien que es puro amor jamás nos "pondría a prueba", ni usaría el dolor como un medio para hacernos madurar. ¿No sería más útil para el plan de Dios si nuestra energía y nuestra salud fueran vibrantes y radiantes?

Dios está omnipresente dentro de cada uno de nosotros. Esto significa que la voluntad de Dios está en todas partes, recubriendo la nuestra. Y un Dios amoroso jamás querría que usted sufriera, así como usted jamás querría que sus propios hijos sufrieran. Es verdad que uno madura con los sufrimientos, pero también es cierto que se madura a través de la paz.

Dios tiene estándares más elevados para nosotros que los que tenemos nosotros mismos. Muy a menudo pedimos demasiado poco, mientras Dios queda a la espera, incapaz de ofrecernos más a costa de violar nuestro libre albedrío. Pida lo que sea que le traiga paz y el Cielo estará feliz de ayudarlo.

P: Mis creencias desde niño han sido solamente que debo hablar con Dios o con Jesús. ¿No es una blasfemia hablar con los ángeles?

R: Este temor se deriva de algunas de las interpretaciones de los textos espirituales de las religiones más propagadas. Si usted en verdad cree que debe solamente hablar con Dios, con Jesús o con otro ser espiritual, entonces no viole su creencia. Hacerlo le causaría temores innecesarios, y no queremos ser los causantes de esa emoción negativa.

Sin embargo, considere lo siguiente: la palabra *ángel,* tal como fue señalado con anterioridad, significa "mensajero de Dios." Los ángeles son dones del Creador que actúan como carteros celestiales, trayendo mensajes entre el Creador y Su Creación. Ellos trabajan con precisión divina para entregarnos una guía confiable. Y así como cualquier don, el dador (el Creador) desea que los disfrutemos y los usemos. La Biblia y otros textos espirituales están llenos de historias positivas de personas que hablaban con los ángeles, y este fenómeno natural sigue ocurriendo hasta el día de hoy.

P: ¿Cómo hago para saber si de verdad estoy hablando con un ángel y no es todo producto de mi imaginación?

R: La guía divina es siempre estimulante, inspiradora, motivadora, positiva y amorosa. Los mensajes de los ángeles siempre tratan de mejorar algo: un resultado, la salud, las relaciones, el medio ambiente o el mundo. Los ángeles por lo general repiten el mensaje a través de sentimientos, pensamientos, visiones y palabras hasta que usted sigue el consejo. Si no está seguro de que un mensaje sea o no real, espere un poco, la verdadera guía divina verdadera se repite, mientras que la falsa guía se desvanece si es ignorada.

Esté atento al muy común "fenómeno del impostor," en el cual el ego intenta convencerlo de que usted no está calificado para hablar con los ángeles y que no tiene la intuición o las habilidades físicas. Sepa que este mensaje está basado en el miedo y en el ego.

Dios y los ángeles hablan con palabras amorosas y positivas. Si alguna vez escucha palabras negativas de alguien, vivo o muerto, deje de hablar con ellos y pídale ayuda de inmediato al arcángel Miguel. Él escoltará las energías más bajas hasta alejarlas de usted y protegerlo de toda negatividad.

Hablar con los ángeles es una experiencia agradable y alegre. Ya sea que los escuche, los vea, sienta su presencia o reciba sus consejos, usted definitivamente disfrutará su conexión con ellos.

P: Si trabajo con los ángeles, ¿Estoy reduciendo mi responsabilidad ante el control de mi vida y de mi propio crecimiento personal?

R: Algunas personas sienten que están haciendo "trampa" al pedir intervención divina. Ellos creen que se supone que suframos para aprender y crecer, y que somos responsables de salir de nuestros problemas por nosotros mismos. Sin embargo, los ángeles dicen que a pesar de que podemos madurar a través del dolor, podemos madurar incluso más rápidamente a través de la paz. Y nuestra actitud pacífica inspira a otras personas más que el mismo sufrimiento.

De todas maneras, los ángeles no harán todo por usted. Ellos son más como compañeros de equipo quienes le piden a usted que siga su camino, mientras se mueven colectivamente hacia la realización de cada meta. Cuando usted les pide ayuda, los ángeles a veces generan intervenciones milagrosas. Pero, más a menudo, le ayudan entregándole la guía divina para que usted se ayude a sí mismo.

Acerca
de la
Autora

La doctora **Doreen Virtue** es metafísica por cuarta generación en su familia y es la autora del libro y las cartas oráculas *Sánese con los ángeles, Archangels & Ascended Masters (Arcángeles y maestros ascendidos)* y *Angel Therapy (Terapia angélica)*, entre otras obras. Su juego de cartas *Messages from Your Angels Oracle Cards (Cartas Oráculas de Mensajes de sus Ángeles)* fue la obra de no ficción más vendida en Australia en el año 2002. Sus productos están disponibles en todo el mundo en muchos idiomas.

Además de haber sido clarividente toda su vida y de trabajar con los reinos angélicos, elementales y con los maestros ascendidos, Doreen Virtue posee un doctorado en artes y varios diplomados universitarios en psicoterapia, y fue directora de varios pabellones clínicos de psiquiatría tanto con pacientes internos como externos.

Doreen ha aparecido en *Oprah,* CNN, *The View,* y en otros programas de radio y televisión. Para mayor información sobre Doreen y sobre sus talleres alrededor del mundo, puede subscribirse a su revista electrónica gratis de mensajes de los ángeles, visitar su tablero de mensajes electrónicos o someter sus historias con ángeles. Para este fin, por favor, visite **www. AngelTherapy.com**.

Puede escuchar el programa semanal de radio en vivo con Doreen y llamar para una sesión, visitando **HayHouseRadio.com**®.

NOTAS

NOTAS

Esperamos que haya disfrutado este libro de Hay House.Si desea
recibir un catálogo gratis con todos los libros y productos de
Hay House, o si desea mayor información acerca de la Fundación
Hay, por favor, contáctenos en:

Hay House, Inc.
P.O. Box 5100
Carlsbad, CA 92018-5100

(760) 431-7695 ó **(800) 654-5126**
(760) 431-6948 (fax) ó **(800) 650-5115 (fax)**
www.hayhouse.com®

Sintonice **HayHouseRadio.com**® y encontrará los mejores
programas de radio sobre charlas espirituales con los autores
más destacados de Hay House. Si desea recibir nuestra revista
electrónica, puede solicitarla por medio de la página de Internet
de Hay House, de esta forma se mantiene informado acerca de
las últimas novedades de sus autores favoritos. Recibirá anuncios
bimensuales acerca de: descuentos y ofertas, eventos
especiales, detalles de los productos, extractos gratis de
los libros, concursos y ¡mucho más!
www.hayhouse.com®